实用商务日语会话

附音频和备课PPT

赖军芳 高丽 主编

扫一扫 获取数字资源

上海交通大学出版社
SHANGHAI JIAO TONG UNIVERSITY PRESS

内容提要

本书为日语专业商务日语会话课程的教材，以已学习了日语初级语法至已具有日语能力测试 N2 水平的学习者为对象，根据实际商务工作对日语口语能力的要求设计了相关主题，精心安排了不同场面、不同职位的人物会话内容，配有音频，并有针对性地选择难易程度适中的句型、语法和词汇进行解说，解说部分配有大量的商务工作常见语的例句，以达到指导实践的目的，每课课后还编入了习题和拓展知识，帮助学习者提高商务日语会话能力。

本书不仅适用于课堂教学，也适用于课外辅导和自学。

图书在版编目 (CIP) 数据

实用商务日语会话 / 赖军芳，高丽主编 . -- 上海：
上海交通大学出版社，2024.6 -- ISBN 978-7-313-30907
-5

Ⅰ . F7

中国国家版本馆 CIP 数据核字第 202438QG48 号

实用商务日语会话
SHIYONG SHANGWU RIYU HUIHUA

主　　编：赖军芳　高　丽

出版发行：上海交通大学出版社		地　　址：上海市番禺路951号		
邮政编码：200030		电　　话：021-64071208		
印　　刷：上海万卷印刷股份有限公司		经　　销：全国新华书店		
开　　本：787mm×1092mm　1/16		印　　张：10		
字　　数：162千字				
版　　次：2024年6月第1版		印　　次：2024年6月第1次印刷		
书　　号：ISBN 978-7-313-30907-5		电子书号：ISBN 978-7-89424-845-9		
定　　价：48.00元				

本书编委会

主　编：赖军芳　高　丽

副主编：龙　星　尹小娟　周乘风

编委会成员（按姓氏笔画排序）：

王素霞　尹小娟　龙　星　周乘风

夏　俊　高　丽　谢东华　赖军芳

插　图：陈子雅

前　言

在新的时代背景下，日语教育面临着前所未有的机遇与挑战。中国的日语教育应当注重培养学生的爱国情感，使他们在学习语言知识和技能的同时，提升中华优秀文化的国际传播能力。我们的目标是提高学生的日语应用能力和沟通能力，同时增强他们用日语讲述中国故事的能力，这是中国日语教育的新使命和新要求。在教育实践中，我们需要将语言技能的培养与这些新要求紧密结合，致力于培养更多具备家国情怀、国际视野、能促进中日企业交流合作、向世界推广中国文化的日语人才。

本教材面向日语专业 2～3 年级学生，根据企业对大学生日语能力的实际需求，首先对商务日语中使用的敬语进行了比较全面的梳理，然后以职场新人逐步接触的工作场景为主线，由浅入深设计了自我介绍、商务电话应答、拜访、接待访客、招待、会议、商务谈判、商务演示等主题，并根据跨境电商发展迅速的特点，加入了直播话术的内容，帮助学生了解实际商务场景，使其在学习日语的过程中理解相关的工作方法、商务知识和文化常识，了解社会经济发展对日语人才的需求，提高岗位适应能力、跨文化交际能力和中华优秀文化海外传播能力。

本教材主要有三个特点。第一，在每一课中，根据主题内容融入了"家国情怀、国家安全意识、推广中国文化"等思政元素，培养学生正确的价值观和良好的综合素质，对学生今后的工作和发展具有积极意义。第二，目前市面上的商务日语会话教材主要围绕某个主题，以一篇或多篇会话文为例，学习相关词汇、语法和句型。但大多数学生对该主题的理解和输出仅限于学习的例文，不能举一反三、灵活应对实际交流的场景。本教材每一个主题的"基础会话"为每一组会话提供了简单的流程图，针对每一步流程提供了相应的多个例句，只要学生记住会话流程和相应的例句，就能根据流程自己组织出会话内容。此举不仅有助于学生对某个场景的会话内容形成整体性的框架印象，也能帮助学生在实际沟通中较快地想起对应的例句，尽快做出反应，一定程度上突破了教材中"会话例文"的局限性，提高了学生的语言运用能力。第三，课后练习分成 I、II、III 部分，难度层层递进。练习 I 适合学生课前预习、自学、自测，帮助学生提前了解自己对该主题的掌握情况和不足之处；练习 II 围绕该主题内容的重点和难点进行强化训练，巩固学习的内容；练习 III 以根据会话情境完成角色扮演为主，主要提高学生灵活运用语言和相关知识的能力。学

生既可以循序渐进完成三个部分的习题，也可以根据自己的实际情况选择完成其中部分习题，从而实现个性化学习，提高自主学习的能力。

除第一课敬语涉及贯穿全书的语言应用，体例略有不同外，其他每课主要由六个部分组成，具体说明如下：

序号	内容	说明
一	学习目标	简要介绍本课的知识目标、能力目标和素养目标
二	课前思考	通过回答与本课主题相关的三个问题，快速理解本课的主题和情境
三	基础会话	让学生理解并掌握关于主题的基本会话、会话流程以及与流程相关的多个例句；即使脱离已有的会话例文，也可以根据流程自己组织出会话内容，初步掌握应对该主题场景的会话能力
四	进阶会话	让学生理解关于主题的某个具体场景的会话，进一步理解相关工作内容和职场环境，提高职场应对能力
五	练习	学生既可以循序渐进完成Ⅰ、Ⅱ、Ⅲ三个部分的习题，也可以根据自己的实际情况选择完成其中部分习题，从而实现个性化学习，提高自主学习的能力
六	知识拓展	让学生了解与主题相关的工作方法、商务礼仪、文化常识，提高跨文化交际能力

本教材以2021年湖南省线上线下混合式一流本科课程"商务日语会话"为依托，结合"教育部产学合作协同育人项目"综合而成，既适用于纯线下课堂教学，也适用于线上线下混合式课程教学。基础会话文和练习Ⅰ可以作为混合式教学的课前预习部分，实现个性化学习，提高学生自主学习的能力。本教材涉及的主题由浅入深，每课各部分内容的难度层层递进，也适合中级以上水平日语学习者自学。希望本教材能够为更多希望学习商务日语、提高商务日语会话能力的读者提供帮助。

本教材在选材、编写过程中，采用了一部分厦门亿学软件有限公司提供的文本材料和练习题，参考了国内外大量文献资料，在此谨向这些作者和相关单位表示衷心的感谢。

赖军芳

2024年1月

目　录

第一课 | **敬语**

相较于学生时代的校园生活，商务界汇聚了不同年龄和社会地位的人，因此在商务会话场合正确使用敬语显得尤为重要。日语敬语贯穿商务沟通的全流程，掌握正确的敬语是商务沟通的基础，熟练掌握敬语有助于建立与他人的信任关系。正因为日语敬语使用贯穿各个商务场景，本书将"敬语"作为第一课，对日语中的敬语进行梳理，以便为之后的学习打好基础。

学习目标

（1）理解日语敬语三种表达方式——尊敬语、自谦语和礼貌语的特征及变形规则，在商务活动中能用敬语进行交流。

（2）通过学习职场敬语，了解到为了工作的顺利进行，人际关系是非常重要的；为了建立良好的人际关系，语言表达上需要尊重对方，友好待人。

课前思考

（1）体調不良で休みを取りたいとき、上司に何を言いますか。

（2）取引先に謝るとき、何を言いますか。

（3）会話するとき、相手の会社を何と呼びますか。

敬语的分类

（一）尊敬语

尊敬语采用抬高对方的方式表达敬意，故多用于对方动作的表达。其表达方式主要有以下几种。

1. 動詞未然形＋「れる」/「られる」

例：

普通語	尊敬語	例文
来る	来られる	部長はもう来られました。
書く	書かれる	きれいな字を書かれます。
読む	読まれる	英語の本を読まれます。

2. 「お」「ご」を用いる形

1) お＋訓読みの和語＋になる
   ご＋音読みの漢語＋になる

例：

普通語	尊敬語	例文
聞く	お聞きになる	音楽をお聞きになりましたか。
帰る	お帰りになる	先生はお帰りになりました。
読む	お読みになる	その本をお読みになりたいですか。
出席する	ご出席になる	ぜひご出席になってください。
出張する	ご出張になる	課長はご出張になりますか。
来訪する	ご来訪になる	田中社長はご来訪になります。

2) お＋訓読みの和語＋です（でございます）
   ご＋音読みの漢語＋です（でございます）

例：

普通語	尊敬語	例文
呼ぶ	お呼びです	社長がお呼びです。
出かける	お出かけです	部長がお出かけです。
探す	お探しでございます	何をお探しでございますか。
無用する	ご無用です	お気遣いはご無用です。

（続き）

普通語	尊敬語	例文
賛成する	ご賛成です	ご賛成ですか。
旅行する	ご旅行でございます	海外へご旅行でございますね。

3) お＋訓読みの和語＋くださる
   ご＋音読みの漢語＋くださる

例：

普通語	尊敬語	例文
教える	お教えください	具体的な内容をお教えください。
伝える	お伝えください	よろしくお伝えください。
提出する	ご提出ください	申込書をご提出ください。
利用する	ご利用ください	それをご利用ください。

3. 特別な表現

例：

普通語	尊敬語	例文
いる	いらっしゃる	明日、会社にいらっしゃいますか。
行く	いらっしゃる	どこへいらっしゃいますか。
	おいでになる	展覧会においでになります。
	お越しになる	どちらへお越しになりますか。
来る	いらっしゃる	社長がいらっしゃいました。
	おいでになる	よくおいでになります。
	お越しになる	またお越しになってください。
言う	おっしゃる	部長のおっしゃる通りです。
聞く	お耳に入る	お耳に入っているかと思いますが。
見る	ご覧になる	この新聞をご覧になってください。

（続き）

普通語	尊敬語	例文
飲む・食べる	召し上がる	たくさん召し上がってください。
する	なさる	テニスをなさいますか。
知る	ご存じ	その人をご存じですか。
着る	お召しになる	その服をお召しになってください。
買う	お求めになる	どのようなものをお求めになりたいですか。
寝る	お休みになる	課長はもうお休みになりました。

（二）自謙语

　　自谦语是通过放低自己的姿态来向对方表达敬意。自谦语的表达有以下几种。

1. 「お」「ご」を用いる形

1) お＋訓読みの和語＋する（いたす）

　　ご＋音読みの漢語＋する（いたす）

例：

普通語	謙譲語	例文
会う	お会いする	またお会いしましょう。
連れる	お連れいたす	お客さんをお連れいたしました。
用意する	ご用意する	お食事をご用意しました。
説明する	ご説明いたす	企画をご説明いたします。

2) お＋訓読みの和語＋申す（申し上げる）

　　ご＋音読みの漢語＋申す（申し上げる）

例：

普通語	謙譲語	例文
届ける	お届け申す	今週中お届け申します。
待つ	お待ち申し上げる	お待ち申し上げております。
案内する	ご案内申し上げる	ご案内申し上げます。
説明する	ご説明申し上げる	ご説明申し上げます。

2. ～（さ）せていただく

例：

普通語	謙譲語	例文
休む	休ませていただく	三日間休ませていただけませんか。
務める	務めさせていただく	本日、司会を務めさせていただきます。
検討する	検討させていただく	検討させていただきます。
紹介する	紹介させていただく	自己紹介させていただきます。

3. 特別な表現

例：

普通語	謙譲語	例文
いる	おる	午後、会社におります。
行く	参る	明日、貴社へ参ります。
	伺う	お宅へ伺います。
	上がる	お迎えに上がります。
来る	参る	妹は間もなく参ると思います。
言う	申す／申し上げる	私の意見を申します。
聞く	伺う	ご意見を伺いたいと思います。
見る	拝見する	それを拝見しました。
見せる	お目にかける	提案をお目にかけます。

（续き）

普通語	謙譲語	例文
飲む・食べる	いただく	食事をいただきました。
する	いたす	後の整理は私がいたします。
知っている	存じている	そのお客さんを存じています。
思う	存じる	非常に難しいと存じます。
あげる	さしあげる	プレゼントを差し上げます。
もらう	いただく／頂戴する	お得意先からお土産をいただきました。

（三）礼貌语

礼貌语既不是为了抬高对方的地位，也不是为了降低自己的身份，只是指将语言说得更礼貌、更优美、更有涵养，来表达一种尊重和敬意的表达。其表达方式有以下几种。

1. 接続語の「お」「ご」をつける

「お」　＋　和語

例：お名前、お宅、お祝い、お手紙、お風呂、お祭り、お正月、お食事、お飲み物、お金、お荷物、お気持ち、お見舞い……

「ご」　＋　漢語

例：ご家族、ご健康、ご住所、ご注文、ご署名、ご予算、ご予約、ご入学、ご結婚、ご出席、ご参加、ご計画、ご夫妻……

2. 文末に「です」「ます」「ございます」をつける

例：私は販売員です。

これは新製品でございます。

来週から出張します。

3. よく使う丁寧表現

例：

普通語	丁寧語
ここ、そこ、あそこ、どこ	こちら、そちら、あちら、どちら
誰	どちら様
いくら	いかほど
ちょっと	少々
本当に	誠に
とても	非常に
さっき	先ほど
今	ただいま
後で	後ほど
今度	この度
この間	先日
これから	これより
おととい	いっさくじつ
ゆうべ	昨夜
昨日	さくじつ
今日	本日
明日	みょうにち
あさって	みょうごにち
どう	いかが
すぐ	さっそく、至急
ある	ございます
そうです	さようでございます
さようなら	失礼します

（続き）

普通語	丁寧語
すみません	申し訳ございません
すみませんが	恐れ入りますが、恐縮ですが
いいです	けっこうです
いいですか	よろしいでしょうか
分かりました	かしこまりました
できません	いたしかねます
分かりません	分かりかねます
お元気ですか	お変わりございませんか
お久しぶりです	ご無沙汰しております
いません	席をはずしております
何ですか	どのようなご用件でしょうか
伝えます	申し伝えます
聞いています	承っております
来てください	お越しいただけませんか／ご足労願えませんでしょうか

練 習

練習Ⅰ——やってみましょう。

1. 次の文を読んで、ただしいかどうかを判断してください。

（1）わたしは、山田部長です。

    A. ただしい   B. ただしくない

（2）山田はあいにく、本日お休みをいただいております。

    A. ただしい   B. ただしくない

（3）ご招待いただきまして、ありがとうございました。

    A. ただしい   B. ただしくない

（4）あなたのお父様は、いつ大阪に拝見になるんですか。

  A. ただしい   B. ただしくない

(5) この度、上海から転勤になりました趙と名乗ります。

  A. ただしい   B. ただしくない

(6) お客様、当社の資料を一度でもお目にかけませんか。

  A. ただしい   B. ただしくない

2. 適切な挨拶を選んでください。

(1) 上司の部屋に入るとき   （ ）

(2) 同僚が先に退社するとき   （ ）

(3) 同僚より先に退社するとき   （ ）

(4) 久しぶりに前の上司に会ったとき （ ）

(5) お客さんが部屋で待っているとき （ ）

(6) 外出時   （ ）

(7) 帰社時   （ ）

  A. 行って参ります。

  B. ごぶさたしております。

  C. 失礼いたします。

  D. お疲れ様でした。

  E. お待たせいたしました。

  F. ただ今戻りました。

  G. お先に失礼いたします。

3. 正しい内容を選んで、会話を完成して下さい。

(1) A：田中さん、社長がお呼びです。

  B：（   ）。

(2) A：本日はお招きいただきまして、誠にありがとうございます。

  B：（   ）。

(3) A：これから、発表をさせていただきます。

  B：（   ）。

(4) A：すみません、文房具売り場はどこでしょうか。

B：（　　　　　）。

　　A.2階でございます。

　　B.はい、お願いします。

　　C.はい、ただ今参ります。

　　D.西川様のご出席を心よりお待ちしておりました。

練習Ⅱ──覚えましょう。

1．敬語動詞を入れて会話を完成させてください。

例：明日の展覧会に来る。

　　　A：明日の展覧会にいらっしゃいますか。（尊敬語）

　　　B：はい、参ります。（謙譲語）

(1)山田さんのお宅に行く。

(2)お茶を飲む。

(3)木曜日は会社にいる。

(4)お寿司を食べる。

(5)李さんの企画書を見る。

(6)佐藤部長を知っている。

(7)そのことを課長に言う。

(8)水泳をする。

2．会話を完成してください。

(1)　A：その件については、わたくしから＿＿　＿＿＿＿＿＿（説明する）。

　　　B：はい、お願いします。

(2)　A：すみませんが、お伺いしたいことが3つ＿＿＿＿＿＿＿＿（ある）。

　　　B：はい、どうぞ。

(3)　A：課長、すみませんが、明日、＿＿＿＿＿＿＿＿（休ませてもらう）。

　　　B：うーん、急ですね。

(4)　A：そちらにおかけになって、少々＿＿＿＿＿＿＿＿（待ってください）。

　　　B：はい、ありがとうございます。

(5)　A：課長は＿＿＿＿＿＿＿＿（戻った）か。

B：いいえ、まだです。

(6) A：田中部長は来週から、海外出張に＿＿＿＿＿＿＿＿（行く）そうです。

B：そうですか。いつ＿＿＿＿＿＿＿＿（帰る）か。

A：さあ、よくわかりません。

3. 次の文の下線部をビジネス会話にふさわしい表現に直してください。

(1) 私のお父さんの病状も回復に向かっているので、安心してください。

(2) 私たちが役に立てることがあったら、何でも言ってください。

(3) この会社の社長をしている田中と言います。

(4) おかげで、私たちの店も開店五周年を迎えることができました。

(5) 今度、こちらに転勤してきた李と言います。どうぞよろしく。

(6) このスーツはどうですか。

(7) さっき、ABC会社の鈴木さんから電話がありました。

(8) すみませんが、切符売り場はどこにありますか。

(9) 来週水曜日、そちらの会社に挨拶に行きます。

(10) お久しぶりです。みなさん、お元気ですか。

練習Ⅲ—— 挑戦しましょう。

1. 敬語の使い方で、間違っている部分を訂正してください。

(1) 部長はスキーがおできになりますか。

(2) 部長の田中が御社の社長にお会いになりたいとおっしゃっておりました。

(3) 今、担当の方をお呼びしますので、しばらくお待ちください。

(4) その件につきましては、何も聞いておりませんが。

(5) 明日はお休みしたいのですが。

(6) 課長、お茶とおコーヒー、どちらにいたしましょうか。

(7) 李様でございますね。

(8) 企画書は拝見されましたでしょうか。

2. 次の文をビジネス会話にふさわしい表現に直してください。

(1) 僕たちの結婚に際しては、心のこもった祝いの品をくれて、本当にあり

がとう。

(2) 今回の件では、取引先の皆さんに大変な迷惑をかけ、本当にすみませんでした。今後こんなことが発生しないよう、万全を期するつもりです。

3. 状況によって、会話を作ってください。

李さんは会社に行く途中、田中課長に会いました。簡単に挨拶してください。

李さん：「今朝の新聞を読んだか。」「A社はまた、新機種の発表があった。」
課長から指示を受ける。

田中課長：「今日、A会社の張さんが東京に来る。」4時に張さんと打ち合わせするから準備してほしい。

知识拓展

1. ビジネス会話の基本的な心得

相手を思いやる

会話の原点は、相手を気遣うコミュニケーションである。つまり、自分の意図するところをいかに上手に相手に伝えるか、そして相手から期待する反応を聞き出せるか、そのポイントは、あなたの真摯な姿勢と謙虚な気持ちである。

話し上手は聞き上手

自分の主張は、遠慮なく述べていいのだが、相手に話をさせる（相手の話を聞く）ことが大切である。例えば、「～と、おっしゃいますと」「反対することは、～の理由からでしょうか」と質問したい問題点を確認することである。また、あまり意見を言わない人の場合は「この提案は、いかがでしょうか」と相手の意見を聞き出すことも必要である。

会話の割合は、一般的な目安として、四分（自分）六分（相手）と言われている。

挨拶を使う

コミュニケーションの一番有効な手段は会話である。場面にあったあいさつは、会話の基本である。挨拶は「目上の人」や「取引先」だからするというのではなく、自然体で同僚や後輩に対しても分け隔てなく、日ごろからすることで身につくものである。

※ビジネスの基本的な挨拶言葉：

　出社した時：おはようございます。

　感謝する時：ありがとうございます。

　謝るとき：申し訳ございません。（失敗は素直に認めましょう）

　取引先などに会う時：お世話になっております。

　部屋などに入る時：失礼いたします。（ノックします）

　外出する時：行ってまいります。

　外出しようとする人を送り出す時：行ってらっしゃい。

　外出から帰ってきた時：ただ今戻りました。

　外出から帰ってきた人に：お帰りなさい。

　退社する時：お先に失礼いたします。／お先に失礼させていただきます。

　退社する人に向けて：お疲れ様でした。／ご苦労様でした。

2. ビジネス会話の 3 つの基本原則

(1) 分かりやすい	話の内容がすぐに理解できる。
(2) 誠実さ	うそを言わない。
(3) TPO で話す	時・場所・場合に応じて、話し方をアレンジする。

第二课 | **自我介绍**

　　职场上的自我介绍是给初次见面的人留下印象的重要环节。向对方简洁地讲述自己的经历和对工作的热情，能让对方记住你。此外，自我介绍还能成为与他人进行交流的契机，所以要自信地面对。

学习目标

(1) 能根据自己的实际情况完成就职面试和入职后的自我介绍。能够比较熟练地完成交换名片的活动以及对话。

(2) 通过自我介绍，展现自己的精神面貌，以及敬业的态度。通过介绍家乡的名胜古迹，提高对外传播地方特色文化的能力。通过学习交换名片的做法，认识到尊重他人是建立良好职场人际关系的重要条件，谦虚有礼才能获得尊重。

课前思考

(1) 就職活動で、企業の面接官に対して、1分間自己紹介をしてみましょう。

(2) あなたはA会社の社員で、初めてB会社の社員と会って、名刺交換をします。名刺を渡しながら、何を言いますか。

(3) 就職面接で自己紹介をする時、どんなことに気を付けますか。

基础会话

（一）面试时的自我介绍

1. 流程

フローチャート

> 挨拶
> ⇩
> 名乗り（フルネーム）
> ⇩
> 個人情報（学歴、職歴、性格など）
> ⇩
> まとめの挨拶

2. 典型表达

1) 「挨拶」の例

・おはようございます。（早上好。／上午好。）

・初めまして。（初次见面。）

・まず、自己紹介させていただきます。（首先，请允许我介绍自己。）

2) 「名乗り」の例

・李玲と申します。（我是李玲。）

・私は王陽と言います。（我叫王阳。）

3) 「個人情報（学歴、職歴、性格など）」の例

〈学歴〉

・東方大学を卒業しました。（我毕业于东方大学。）

・専攻は外国語です。（专业是外语。）

・私は文学修士です。（我是文学硕士。）

・翻訳、通訳などを勉強したことがあります。（我学过笔译、口译等。）

・大学で心理学を独学したことがあります。(大学里我还自学过心理学。)

・学業奨励奨学金を得ることができました。（我得到了学业奖励奖学金。）

〈職歴〉

・非常勤でチューターの仕事をしたことがあります。(我曾做过家教的兼职工作。)

- 非常勤で貿易会社で仕事をしたことがあります。（我曾做过外贸公司的兼职工作。）
- 翻訳の仕事について経験があります。（我在翻译工作方面有一些经验。）
- Eコマースの仕事について経験があります。（我在电子商务工作方面有一些经验。）
- 1年間の販売員の経験があります。（我做过1年销售员。）
- 仕事をてきぱきとこなすコツを身につけることができました。（我掌握了快速完成工作的诀窍。）

〈性格〉

- 穏やかで、やる気がいっぱいで、まじめな人です。（成熟稳重、有干劲、做事认真的人。）
- 積極的で、協力性がある人です。（积极主动，喜欢共同协作的人。）
- 明るくて、前向きな人です。（性格开朗，上进心强的人。）

※私は〜人です。（我是一个……的人。）

　　〜：誠実な、多芸な、好奇心の強い、活動的な、エネルギッシュな、ロマンチックな、楽天的な、礼儀正しい、控えめな、適合性がある、繊細な、さっぱりした、正直な、勇気がある……

4)「まとめの挨拶」の例

- どうぞよろしくお願いいたします。（请多关照。）
- 精一杯頑張りますので、どうぞよろしくお願いいたします。
  （我会努力工作，请多关照。）
- 一生懸命頑張っていきたいと思いますので、よろしくお願いいたします。
  （我会全力以赴，请多关照。）

3. 自我介绍示例

面接での自己紹介

　　まず、自己紹介させていただきます。はじめまして、王陽と申します。今年東方大学を卒業する見込みです。専攻は日本語で、3年間大学の授業に打ち込み、日本語能力試験N1に合格し、学業奨励奨学金を2回も得ることができました。2年間貿易会社のアルバイトを通して、Eコマースに関する仕事も経験しましたし、仕事をてきぱきとこなすコツを身につけることもできました。

私は勉強でも、仕事でも自主努力を積み重ねて頑張る人です。どうぞよろしくお願いいたします。

（二）新员工在公司内的自我介绍

1. 流程

フローチャート

> 挨拶
> ⇩
> 名乗り
> ⇩
> 個人情報（出身地、専攻など）
> ⇩
> まとめの挨拶（やる気を見せる）

2. 典型表达

1)「挨拶」の例

・初めまして。（初次见面。）

・おはようございます。（早上好。／上午好。）

・まず、自己紹介させていただきます。（首先，请允许我介绍自己。）

2)「名乗り」の例

・李と呼んでください。（请叫我小李。）

・本日より、こちらでお世話になります李玲です。

　（我是李玲，从今天起请大家多多指教。）

・本日より、販売課に配属となりました、李玲でございます。

　（我是李玲，从今天开始分属于销售科。）

3)「個人情報（出身地、専攻など）」の例

・中国の北京出身です。（我来自中国北京。）

・大学での専攻は日本語言語学です。（大学的专业是日语语言学。）

4)「まとめの挨拶」の例

・一生懸命頑張りますので、ご指導の程、どうぞよろしくお願いいたします。

　（我会努力的，请多多指教。）

・入社したばかりで、何もわかりません。一日も早く、仕事にも職場にも慣れるように頑張ります。ご指導ください。（我刚进公司，什么都不懂。我会努力尽快适应工作和职场。请多指教。）

・皆さんのご指導をいただき、日々努力して参りますので、よろしくお願いいたします。（在大家的指导下，我会每天努力，请多多关照。）

3. 自我介绍示例

新入社員の自己紹介

　　初めまして、李玲と申します。中国の北京出身です。何も分かりませんが、一生懸命頑張りますので、ご指導の程、どうぞよろしくお願いいたします。＜お辞儀をします。＞

（三）交换名片时的自我介绍

1. 流程

フローチャート

A：名刺を渡しながら、挨拶する
　　　⇩
B：名刺を受け取り、自分の名刺を　渡しながら、挨拶する
　　　⇩
A：名刺を受け取りながら、挨拶する

2. 典型表达

1)「名刺を渡しながら、挨拶する」の例

・初めまして、ABC会社営業部の李玲と申します。どうぞよろしくお願いします。
（初次见面，我是ABC公司营业部的李玲。请多关照。）

2)「名刺を受け取り、自分の名刺を渡しながら、挨拶する」の例

・申し遅れました。私は東京銀行の田中と申します。今後ともよろしくお願いいたします。（我说晚了。我是东京银行的田中。今后也请多多关照。）

3)「名刺を受け取りながら、挨拶する」の例

・お名刺を頂戴いたします。(我收下您的名片。)

3. 会話示例

李：＜名刺を渡しながら＞初めまして、わたくし、長沙商事営業部の李玲
と申します。どうぞよろしくお願いいたします。

田中：＜名刺を受け取り、自分の名刺を渡しながら＞申し遅れました。わた
くし、東京銀行の田中健一と申します。今後ともよろしくお願いいた
します。

李：＜名刺を受け取りながら＞お名刺を頂戴いたします。

（四）重要词汇和语法

1. キーワード

修士【しゅうし】①（名）	硕士
独学【どくがく】⓪（名・自他サ）	自学
非常勤【ひじょうきん】②（名）	兼职，兼任
チューター【tutor】①（名）	家庭教师，培训班的讲师
Eコマース【E-commerce】（名）	电子商务
販売【はんばい】⓪（名・他サ）	销售
協力【きょうりょく】⓪（名・自サ）	合作
多芸【たげい】⓪（名・形）	多才多艺
エネルギッシュ【energisch】⑤（形）	精力充沛
適合【てきごう】⓪（名・自サ）	适合，适宜
繊細【せんさい】⓪（名・形）	细腻
配属【はいぞく】⓪（名・他サ）	分配
職場【しょくば】⓪（名）	工作单位，工作岗位
頂戴【ちょうだい】⓪（名・他サ）	收到，得到

2. 文型と表現

①～と申します。

　　在介绍自己姓名时使用的自谦表达。可译为：我叫……

②本日より、こちらでお世話になります～です。

　　在被分配到的部门做自我介绍时使用的表达方式。可译为：我叫……从今天开始请大家多多指教。

③本日より、～に配属となりました～と申します。

　　在被分配到的部门做自我介绍时使用的表达方式。可译为：我叫……从今天开始被分配到……部门。

④出身は～です／～から参りました。

　　介绍自己的出生地时使用。可译为：我来自……

⑤申し遅れました。

　　某句话说晚了时的表达方式。可译为：我说晚了。

⑥お名刺を頂戴いたします。

　　收到别人名片时的表达方式。可译为：我收下您的名片。

进阶会话

（一）欢迎会上的自我介绍（公司内）

　　皆さん、こんにちは。中国の湖南省の長沙市から参りました李玲と申します。長沙市は中国中南部に位置し、全世界を驚かせた「馬王堆漢墓」、千年以上の歴史を持っている「岳麓書院」など歴史的な名所旧跡があって、中国でもっとも人気がある古い町の一つです。機会があればぜひ長沙へ一度行ってみてください。本日は、歓迎会にお招きいただきまして、大変光栄に存じます。日本語を含め、分からないことがたくさんありますが、先輩の方々の指導を得て、少しずつ仕事にも慣れています。これから、どうぞよろしくお願いいたします。

（二）作为新的负责人对客户的自我介绍（公司外）

元担任：鈴木課長、お忙しいところ、お時間を割いていただきまして、ありがとうございます。

取引先：いいや、どうも。

元担任：ご紹介させていただきます。今度私の代わりに御社の担当をさせて
　　　　いただきます張です。

新しい担任：初めまして、北京支店から本社営業課に配属になりました張と
　　　　　　申します。今後ともよろしくご指導をお願いいたします。＜お
　　　　　　辞儀して、名刺を差し出します＞

取引先：鈴木といいます。こちらこそ、よろしくお願いします。＜会釈をし
　　　　て、名刺を出します＞

（三）重要词汇和语法

1. キーワード

割く【さく】① （他五）	分出，腾出
招く【まねく】② （他五）	宴请，招待
方々【かたがた】② （名・副）	诸位，大家
担任【たんにん】⓪ （名）	担任，担当，负责人
取引先【とりひきさき】⓪ （名）	客户，交易户，往来户，顾客

2. 文型と表現

①〜にお招きいただきまして、大変光栄に存じます。

　　被邀请参加欢迎会或派对时使用的表达方式，是自谦语。可译为：邀请我参
　　加……，我感到非常荣幸。

②お忙しいところ、お時間を割いていただきまして、ありがとうございます。

　　对对方在忙的时候特意抽出时间来处理你的事情表示谢意的表达方式。可译
　　为：感谢您百忙之中抽出时间来。

③ご紹介させていただきます。

　　向别人介绍人或东西时使用的表达，是自谦语。可译为：请允许我介绍一下。

④今後ともよろしくご指導をお願いいたします。

　　表示今后也想得到各种指导的心情。可译为：今后也请多指教。

练 习

練習 I —— やってみましょう。

1. 日本語に訳してみてください。

(1) 首先，请允许我介绍自己。

(2) 我毕业于东方大学。

(3) 专业是外语。

(4) 我学过笔译、口译。

(5) 我曾做过外贸公司的兼职工作。

(6) 我在电子商务工作方面有一些经验。

(7) 我是一个性格开朗、上进心强的人。

(8) 我会努力工作，请多关照。

2. A、B からビジネス・シーンに相応しい日本語を選んでください。

(1) 从今天开始，我是在这里承蒙关照的李玲。（　　　）

　　A. 本日より、こちらでお世話する李玲です。

　　B. 本日より、こちらでお世話になります李玲です。

(2) 我是分配到销售科的李玲。（　　　）

　　A. 販売課に配属となりました、李玲でございます。

　　B. 販売課に配置となりました、李玲でございます。

(3) 请多多指教。（　　　）

　　A. いろいろ指導してください。

　　B. ご指導の程、どうぞよろしくお願いいたします。

(4) 我是从中国上海来的李明。（　　　）

　　A. 中国の上海から来る李明と申します。

　　B. 中国の上海から参りました李明と申します。

(5) 谢谢大家邀请我参加晚会。（　　　）

　　A. パーティーにお招きいただきまして、ありがとうございます。

　　B. パーティーに連れていただきまして、ありがとうございます。

3. 質問文に応じて、適切な答えを選んでください。

(1) 自己紹介させていただきます。（　　　）

　　A. はい、言ってください。

　　B. はい、どうぞ。

(2) お名前は何とお呼びすればよろしいでしょうか。（　　　）

　　A. 飛鳥裕子と言います。

　　B. 読み方が難しくて、すみません。

(3) 初めまして、ABC会社営業部の李玲と申します。どうぞよろしくお願いします。＜名刺を渡す＞（　　　）

　　A. 李様でいらっしゃいますね。今後ともよろしくお願いいたします。

　　B. 申し遅れました。私は東京銀行の田中と申します。今後ともよろしくお願いいたします。

練習Ⅱ—— 覚えましょう。

1. 自分の実情によって、内容を完成してください。

　　はじめまして、（　　　　）と申します。

　　（　　　　）年に（　　　　）大学を卒業しました。

　　専攻は（　　　　）です。

　　（　　　　）を勉強したことがあります。

　　大学で（　　　　）を独学したことがあります。

　　（　　　　）仕事をしたことがあります。

　　（　　　　）の経験があります。

　　私は（　　　　）人です。どうぞよろしくお願いいたします。

2. 正しい会話を選んでください。

(1) 学歴を紹介するとき　　　　　　　　　　　　　（　　　）

(2) 職歴を紹介するとき　　　　　　　　　　　　　（　　　）

(3) 性格を紹介するとき　　　　　　　　　　　　　（　　　）

(4) 配属された部門で自己紹介するとき　　　　　　（　　　）

(5) 名刺を受け取るとき　　　　　　　　　　　　　（　　　）

(6) 出身地を紹介するとき　　　　　　　　　　　　（　　　）

(7) パーティーなどに招待されて、感謝するとき　　（　　　）

(8) 言い遅れるとき　　　　　　　　　　　　　　　（　　　）

(9) 名刺を相手に渡すとき　　　　　　　　　　　　（　　　）

(10) やる気を見せたいとき　　　　　　　　　　　　（　　　）

A. 中国の上海から参りました。

B. お招きいただきまして、ありがとうございます。

C. 翻訳の仕事について経験があります。

D. 初めまして、わたくし、東京商事営業部の李玲と申します。どうぞよろしくお願いいたします。

E. お名刺を頂戴いたします。

F. 申し遅れました。

G. 積極的で、協力性がある人です。

H. 一生懸命頑張りますので、ご指導の程、どうぞよろしくお願いいたします。

I. 中貿大学を卒業しました。

J. 本日より、こちらでお世話になります張平です。

練習Ⅲ——挑戦しましょう。

1. 考えて答えよう。

(1) 名刺を渡す時と受け取る時は、名刺を両手で持つのが一番よいですが、両方同時に名刺を差し出したらどうしますか。

(2) パーティーで大勢の方と名刺交換をしているうちに、名刺がなくなってしまいました。この場合、どうしたらよいでしょうか。

2. ロールプレイをしてみよう。

(1) あなたは新入社員として、初日に会社に来て、同僚たちに自己紹介をしてください。

(2) 下の情報によって、名刺交換の会話を作ってください。
Aさんは北京貿易会社営業課の社員で、初めてBさんと会って、名刺を渡します。

Bさんは東京商事営業部の社員で、Aさんの名刺を受け取り、自分の名刺を渡します。

(3) あなたはABC会社販売部の新入社員です。部門のメンバーが居酒屋で歓迎会を開いてくれ、その席にいます。自己紹介を兼ねて挨拶をしてください。

知识拓展

1. 名刺交換の正しい作法

(1) 渡すときは、立って、相手の顔をきちんと見てから、相手から見て文字が読めるような向きで渡す。

(2) 渡しながら、社名・氏名をはっきり名乗り、挨拶をしながらお辞儀をする。例：～と申します。どうぞよろしくお願いいたします。

(3) 受け取るときは、なるべく両手で、胸の高さで受け取り、自分の指が氏名、会社名に触れないようにする。

(4) 漢字の読み方などがはっきりしないときは、必ず確認する。例：お名前はどうお呼びすればよろしいでしょうか。

(5) 先輩や上司が出し終わってから、出す。

2. 名刺交換のタブー

(1) 定期いれや財布、手帳などから名刺を出す。

(2) 角が折れた汚い名刺を差し出す。

(3) 人数が多い場合でも、名刺を配るように渡す。

(4) いただいた名刺を商談中にもてあそぶ。

(5) いただいた名刺を忘れて帰る。

第三课 | 商务电话应答

　　在商务场合，打电话或接电话的时候，作为公司的代表，以正确的态度，清晰、缓慢、礼貌的语气说话是很重要的。这样做可以给对方留下亲切、认真、负责的印象。这不仅是对你本人的印象，也是对公司的印象，这是作为公司职员的责任和义务，是履行职务的重要一环。

学习目标

（1）能够比较熟练地用日语打电话、接电话和电话留言。

（2）通过学习打电话和接电话的日语对话，认识到通过自己的一言一行维护公司形象的重要性。通过学习记录电话留言，认识到注重细节的重要性，并且提高在电话沟通中不泄露"个人隐私""商业秘密"以及"国家秘密"的意识。

课前思考

（1）話が終わったら、誰が先に電話を切りますか。電話をかける人ですか。それとも電話を受ける人ですか。

（2）電話がかかってきたら、あなたは電話に出るとき、「もしもし」と言いますか。

（3）あなたがかけた電話の相手は不在です。伝言を頼んでみましょう。

基础会话

（一）打电话 & 接电话

1. 打电话流程

フローチャート（電話をかける）

相手が出たら、丁寧に挨拶する
⇩
取次ぎを依頼する
⇩
相手が出た時、相手の都合を伺う
⇩
要件を簡潔に伝える
⇩
お礼を述べて、静かに電話を切る

2. 典型表达

1)「相手が出たら、丁寧に挨拶する」の例

自分の会社名・名前を名乗り、挨拶します。

・こんにちは。私は大和電機の小野と申します。（你好。我是大和电机的小野。）

・私は上海商事の李と申します。いつもお世話になっております。（我是上海商事的小李。总是承蒙您的关照。）

・私は ABC 株式会社の張と申します。お忙しいところ、突然のお電話で失礼いたします。（我是 ABC 株式会社的小张。百忙之中突然给您打电话，真是抱歉。）

2)「取次ぎを依頼する」の例

①話をしたい相手の部署名、役職名、名前を告げて、丁寧に取次ぎを依頼します。

・人事課の山下様をお願いします。（请人事科的山下先生听电话。）

・営業課の高井課長をお願いできませんか。（可以请营业科的高井科长接电话吗？）

②相手が不在の場合、こちらから改めてかけ直すことを伝えてもらいます。

・では、また後ほどこちらから掛け直します。（那么我回头再打给您。）

・3 時ごろ改めてお電話させていただきます。（3 点左右再给您打电话。）

・5時ごろまたご連絡いたします。（5点左右再联系您。）

3)「相手が出た時、相手の都合を伺う」の例

・今、お時間よろしいでしょうか。（现在有时间吗？）

・今、5分程度のお時間をいただいてもよろしいでしょうか。（现在可以占用您5分钟左右的时间吗？）

4)「要件を簡潔に伝える」の例

・新製品の件で、お電話を差し上げました。（关于新产品的事，给您打了这个电话）

・Aプロジェクトのため、お電話をさせていただきました。（因为A项目，所以给您打了这个电话。）

5)「お礼を述べて、静かに電話を切る」の例

・では、失礼します。（那么，再见）

・お忙しいところ、お時間をいただきましてありがとうございました。（感谢您百忙之中抽出时间来。）

3. 接电话流程

フローチャート（電話を受ける）

> 挨拶して、会社名、部署名、名前を名乗る
> ⇩
> 相手を確認する
> ⇩
> 電話を取り次ぐ
> ⇩
> 相手の要件を復唱する
> ⇩
> お礼を述べて、相手が電話を切るのを待つ

4. 典型表达

1)「挨拶して、会社名、部署名、名前を名乗る」の例

・はい、A会社でございます。（这里是A公司。）

- おはようございます、B会社でございます。（早上好，这里是B公司。）
- お電話ありがとうございます、C会社販売課の佐藤でございます。（感谢您的来电，我是C公司销售科的佐藤。）

2)「相手を確認する」の例

①相手の社名と名前を聞いたら、復唱します。

- A会社の田中様でいらっしゃいますね。（您是A公司的田中先生啊。）

②相手が先に名乗らない場合には、こちらから確認します。

- 失礼ですが、どちら様でしょうか。（对不起，请问您是哪位？）

③聞き取りにくい場合には、聞き直します。

- 恐れ入りますが、お電話が遠いようなので、もう一度お願いいたします。（对不起，好像有点听不清您的说话，请再说一遍。）

3)「電話を取り次ぐ」の例

①名指し人が不在の場合、不在であることを詫びて、不在の状況（外出、会議中等）を伝え、伝言の必要があるかどうか、相手の意向を確認します。

- 申し訳ございません。渡辺はただ今、席を外しております／外出しております／電話・接客・会議中でございます。（对不起。渡边现在不在座位上／外出了／正打电话・正接待客户・正开会。）
- こちらからおかけ直しいたしましょうか。（我给您打电话吧。）
- 戻りましたら、折り返しお電話を差し上げるようにいたしましょうか。（回来后，给您回个电话好吗？）
- もう一度、お電話をおかけ直しいただくわけにはいかないでしょうか。（能请您再打一次电话吗？）

②相手を待たせます。

- ただ今、本人に代わりますので、少々お待ちください。（现在就转给本人，请稍等。）
- 渡辺はただ今電話中ですので、このまましばらくお待ちいただけますか。（渡边现在正在打电话，能请您再稍等一会儿吗？）

③電話を再開します。

- お待たせいたしました。渡辺です。（让您久等了。我是渡边。）
- お電話代わりました。渡辺です。（电话转接过来了。我是渡边。）

4)「相手の要件を復唱する」の例

・かしこまりました。～ということですね。（知道了。就是说……吧。）

・確認させていただきます。～ということですね。（我确认一下。就是说……吧。）

5)「お礼を述べて、相手が電話を切るのを待つ」の例

・お電話をいただき、ありがとうございました。では、失礼いたします。（谢谢您的来电。那么，再见。）

5. 会話示例

1) 名指し人がいる場合

①名指し人が電話を受けた人の場合

李：はい、上海商事でございます。

田村：初めてお電話さし上げます。わたくし、神戸商事の田村と申します。営業課の李様をお願いします。

李：私は李です。それで、本日はどのようなご用件でしょうか。

田村：実は、当社の新製品の件でお電話したのですが、今、5分程度のお時間をいただいてもよろしいでしょうか。

李：はい、どうぞ。

（要件が終わる）

田村：本日はお忙しいところをお時間をいただきまして、ありがとうございました。では、失礼いたします。

李：失礼いたします。

②電話を取り次ぐ場合

王：はい、上海商事でございます。

田村：神戸商事の田村と申します。いつもお世話になっております。

王：神戸商事の田村様でいらっしゃいますね。いつも、大変お世話になっております。

田村：お忙しいところを恐れ入りますが、営業課の李さんをお願いできませんか。

王：李でございますね。少々お待ちください。

（電話を取りつぐ）

　李：お電話代わりました。李です。

2) 名指し人が不在の場合

①電話をかける人が電話をかけ直す場合

　王：お電話ありがとうございます。上海商事でございます。

田村：わたくし、神戸商事の田村と申します。営業課の李さんをお願いします。

　王：神戸商事の田村様でいらっしゃいますね。誠に申し訳ございませんが、
　　　李はただ今、席を外しております。何かお急ぎのご用でしょうか。

田村：はい、ちょっとご相談したいことがございまして。後ほど私のほうか
　　　らかけ直します。

　王：さようですか。では、李にそう伝えておきます。私、営業課の王と申
　　　します。

田村：では、よろしくお願いいたします。

　王：かしこまりました。では、失礼いたします。

田村：失礼いたします。

②名指し人から電話してもらう場合

　王：お電話ありがとうございます。上海商事でございます。

田村：わたくし、神戸商事の田村と申します。営業課の李さんをお願いします。

　王：神戸商事の田村様でいらっしゃいますね。誠に申し訳ございませんが、
　　　李はただ今、会議中でございます。何かお急ぎのご用でしょうか。

田村：はい、ちょっとご相談したいことがございまして。

　王：李が戻りましたら、お電話させましょうか。

田村：それではお手数をお掛けいたしますが、お願いできますでしょうか。

　王：はい、かしこまりました。恐れ入りますが、お電話番号を教えていた
　　　だけませんか。

田村：はい、06-1234-5678 です。

　王：復唱させていただきます。06-1234-5678、神戸商事の田村様でいらっ
　　　しゃいますね。

田村：はい。さようでございます。

王：かしこまりました。私、営業課の王と申します。

田村：では、よろしくお願いいたします。

王：はい。では、失礼いたします。

田村：失礼いたします。

（二）应对电话留言

1. 流程

フローチャート

用件・伝言を尋ねる
⇩
伝言を確認する
⇩
相手の名前や連絡先を確認する
⇩
伝言を受けた後の一言

2. 典型表达

1)「用件・伝言を尋ねる」の例

・もしよろしければ、ご伝言を承りますが。／もし差し支えなければ、ご用件を承りますが。（如果方便的话，我可以帮您留言。）

・わたくしが代わってお話を伺いしましょうか。／わたくしが代わってご伝言を承りましょうか。（我帮您留言吧。）

2)「伝言を確認する」の例

・もう一度確認させていただきます。……ということですね。（我确认一下内容。就是……吧？）

・内容をもう一度確認させていただきます。……以上で間違いございませんか。（我再确认一下内容。……没错吧？）

・復唱させていただきます。……以上でよろしいですか。（我复述一遍。……是这样吗？）

3)「相手の名前や連絡先を確認する」の例

・念のため、ご連絡先をご確認させていただきます。（为了保险起见，我再确

认一下您的联系方式。）

・念のため、お名前のスペルをご確認させていただきます。（为了保险起见，我再确认一下您名字的拼法。）

4)「伝言を受けた後の一言」の例

・会議が終わり次第、お伝えいたします。（等会议一结束，我就转告他。）

・打ち合わせが終わり次第、伝えておきます。（等会面一结束，我就转告他。）

・張が戻り次第、そのように伝えておきます。（等小张一回来，我就如实转告他。）

・李が戻りましたら、お電話するように伝えます。（等小李回来了，我要他给您回电话。）

・お電話があったことを佐藤に伝えておきます。（我会告诉佐藤，您打了电话。）

・高橋が出社しましたら、そちらに伺うように伝えておきます。（高桥来公司了，我会告诉他去拜访您。）

3. 会话示例

1) 伝言を頼む場合

水野：はい、みどり商事でございます。

　陳：天津工業の陳と申しますが、田村様をお願いします。

水野：申し訳ございません。あいにく田村は会議中ですが。

　陳：恐れ入りますが、伝言お願いできますか。

水野：はい、どうぞ。

　陳：ご注文いただいた商品は、明日の朝 10 時に届けるとお伝えください。

水野：内容をもう一度確認させていただきます。商品が明日の朝 10 時に届くということですね。

　陳：はい、そうです。

水野：かしこまりました。会議が終わり次第、お伝えいたします。わたくし、営業部の水野と申します。

　陳：水野さんですね。では、よろしくお願いします。失礼します。

水野：はい、失礼します。

2) 伝言を受ける場合

張：はい、東方商社でございます。

田中：ABC 工業の田中と申しますが、李様をお願いします。

張：田中様でいらっしゃいますね。申し訳ございませんが、李はただ今外出中でございます。もしよろしければ、ご伝言を承りましょうか。

田中：はい、お願いします。李様がお戻りになりましたら、お電話をいただきたいとお伝え願えますか。

張：かしこまりました。念のために、お電話番号を教えていただけませんか。

田中：はい。03-1122-3344 です。

張：復唱いたします。03-1122-3344 ですね。李が戻りましたら、お電話するように伝えます。

田村：お願いします。では、失礼いたします。

張：失礼いたします。

4. 电话留言的写法

1) 会話

小林：申し訳ありませんが、田中はただ今、外出しております。戻りましたら、折り返しお電話いたしますが。

李：そうですか。今、出先からなので、携帯のほうへお電話いただけますか。

小林：承知しました。田中はそちら様の携帯番号を存じておりますでしょうか。

李：ご存知だと思いますが、念のため、申し上げます。123-4051 です。

小林：繰り返します。123-4051、中日貿易会社の李様ですね。

李：はい、そうです。

小林：田中が戻り次第、電話させます。

李：よろしくお願いいたします。それでは、失礼します。

小林：失礼いたします。

2) 留言条

①田中部長、 　②中日貿易会社の李様よりお電話があり ました。③李様の携帯へ電話してほしいと のことでした。 李様の電話番号：④ 123 － 4051 　　　　　　　⑤ 9 月 25 日　3 時 20 分 　　　　　　　⑥小林受け

①誰への電話か

②どこの誰からの電話か

③伝言の内容

④相手の電話番号

⑤電話を受けた日と時間

⑥電話を受けた人の名前

（三）重要词汇和语法

1. キーワード

名指し【なざし】⓪（名）	指名
商事【しょうじ】①（名）	商务，业务
製品【せいひん】⓪（名）	制品，产品，成品
取りつぐ【とりつぐ】⓪③（他五）	传达，转达，通报；代办
かけ直す【かけなおす】④（他五）	（电话等的）回拨
外す【はずす】⓪（他五）	取下，解开；错过；避开；离开
復唱【ふくしょう】⓪（名）	复述；重说；重读
承る【うけたまわる】⑤（他五）	恭听；遵从；敬悉

2. 文型と表現

① ～さんをお願いできますか。

请对方叫某人接电话的说法。可译为：能请……先生 / 女士听电话吗？

②～分程度のお時間をいただいてもよろしいでしょうか。

询问对方时间上是否方便时的说法。可译为：可以占用您～分钟左右的时间吗？

③お電話を差し上げました。／お電話をさせていただきました。

自谦表达。可译为：打了电话。

④電話が遠い。

电话中难以听清或听懂对方说话内容时使用的说法。一类形容词"遠い"原指

空间或距离相隔较远，这里并不是指电话离得远，而是好像对方在远处说话，听不清楚。

⑤ご用件を承りますが。

询问对方事情、留言时使用的自谦表达。可译为：请问您有什么事？ / 我可以帮您留言。"承る"是"聞く""受ける"的自谦语。

⑥念のため。

确认对方信息时使用的说法。可译为：为了保险起见。

⑦～次第

连接到动词连用形的后面。可译为"一……就……"。例：会議が終わり次第、お伝えいたします。（等会议一结束，我就转告他。）

⑧お電話がありました。

相当于"電話をかけてきました"。"ありました"是"あります"的过去时，是"有""存在"的意思。这里的意思是"打了"电话。例：お電話があったことを佐藤に伝えておきます。（我会告诉佐藤，您打了电话。）

进阶会话

（一）应对推销电话

受付：はい、A会社でございます。

先方：社長様をお願いできますでしょうか。

受付：失礼ですが、御社名とお名前をうかがってもよろしいでしょうか。

先方：失礼いたしました。わたくし、B会社の吉田でございます。

受付：B会社の吉田様でいらっしゃいますね。大変失礼だと存じますが、本日のご用件をお伺いしてもよろしいでしょうか。

先方：弊社、資産運用のご提案をさせて頂いておりまして、ぜひ社長にもサービスの内容をご説明させていただきたく、ご連絡いたしました。

受付：さようでございますか。大変申し訳ございませんが、現在のところ、必要とはしておりませんので、ご遠慮させていただいております。

先方：よろしければ、社長様の電話番号を教えていただけますでしょうか？直接ご説明させていただきたいと思いますが。

受付：申し訳ございません。必要となりました際に、こちらからご連絡差し

上げるようにいたします。

先方：かしこまりました。それでは、またご連絡させていただくようにいたします。

受付：お電話ありがとうございました。失礼いたします。

先方：失礼いたします。

（二）打电话致谢（感谢洽谈成功）

李：平素より大変お世話になっております。Ａ会社の李と申します。西村課長様でいらっしゃいますか。

課長：はい、西村です。

李：先日、ご説明させていただきました商品、ご注文をいただきありがとうございます。

課長：いえいえ、期待した通りの商品でしたから、注文しましたよ。

李：そうですか、本当にありがとうございました。ご希望の納期どおりに、商品をお届けいたします。品質保証に手抜かりがないように、万全な体制で取り組みますので、今後ともよろしくお願いいたします。

課長：その体制に期待しています。頼みますよ。

李：心得ております。急ぎ、お礼のご挨拶です。では失礼します。

（三）重要词汇和语法

1. キーワード

資産運用【しさんうんよう】④（名）	理财
平素【へいそ】①（名）	平时，平日
手抜かり【てぬかり】②（名）	疏忽，遗漏，漏洞
体制【たいせい】⓪（名）	体制
心得る【こころえる】④（他一）	理解，明白；答应，应允

2. 文型と表現

① 恐れ入りますが。

缓冲语。想问别人什么或者想拜托别人的时候使用的语言。可译为：实在不好

意思。类似的表达还有：

恐縮ですが（很抱歉）

お手数ですが（麻烦您了）

大変申し訳ございませんが（非常抱歉）

大変申し上げにくいのですが（很难说出口）

よろしければ／よろしかったら（如果可以的话）

②ご遠慮させていただいております。

拒绝别人的请求时使用的表达方式。可译为：请允许我谢绝。类似表达还有：

ご遠慮申し上げます。

③～通り

可译为：跟……一样。

・动词［原形］＋通り（とおり）

例：私が言う通りに書いてください。（请按照我说的写。）

・动词［た形］＋通り（とおり）

例：思った通り、試験は難しかった。（正如我所想的那样，考试很难。）

・名词＋通り（どおり）

予想どおり、彼は来なかった。（和预想的一样，他没有来。）

・名词＋の通り（とおり）

天気予報の通り、今日は暑かった。（正如天气预报所说，今天很热。）

練習

練習 I——やってみましょう。

1. 次の言葉をビジネス会話にふさわしい表現に換えてください。

(1) 今、席にいません。

(2) ほかの人でもいいですか。

(3) 私でよければ聞きますか。

(4) 用件を聞きます。

(5) 言っておきます。

(6) 伝言してください。

(7) 何か急ぎの用ですか。

(8) 伝えることはありますか。

(9) 後で電話します。

(10) 誰に連絡すればいいですか。

(11) 内容をもう一度確認します。

(12) 課長、さっき部長から電話があって、至急に来てくれと言っていました。

2. （ ）の中に、適当な表現を書き入れてください。

(1) 朝10時にかかってきた電話を取った時：

（　　　　　　　　　　　　　　　　　　　）。東京商事でございます。

(2) 三回以上コールが鳴って電話を取った時：

（　　　　　　　　　　　　　　　　　　　）。日中電機でございます。

(3) 名乗った相手の名前を確認する時：

中日商事の李様（　　　　　　　　　　　　　　　　　）。

(4) 名乗らない相手の名前を確認したい時：

恐れ入りますが、（　　　　　　　　　　　　　　　　）。

(5) 相手を長く待たせる時：

このまましばらく（　　　　　　　　　　　　　　　　）か。

(6) 電話しても大丈夫かどうか確認する時：

今、（　　　　　　　　　　　　　　　　）でしょうか。

(7) 他の人から回ってきた電話を受け取る時：

（　　　　　　　　　　　　　　　　）。営業部の小川です。

練習Ⅱ──覚えましょう。

1. 次の文を読んで、最も相応しいものを、A、B、C、Dから一つ選びなさい。

(1) 内線電話がかかってきた時の対応で、おかしいのはどれでしょう？

A. はい、営業部です。

B. おはようございます。ABC産業でございます。

C. 人事課でございます。

D. お疲れ様です。総務部でございます。

(2) 外線電話がかかってきた時の対応で、ただしいのはどれでしょう？

A. はい、営業部です。

B. はい、人事課でございます。

C. お疲れ様です。総務部でございます。

D. はい、NTDセキュリティでございます。

(3) もう一度聞く時に、便利なフレーズで、おかしいのはどれでしょう？

A. 恐れ入りますが、お名前をもう一度よろしいでしょうか。

B. よろしければ、もう一度話してもいいですか。

C. 申し訳ございません。会社名をもう一度よろしいですか。

D. 念のため、もう一度つづりを教えていただけますか。

(4) 自分が用件を聞いていいか、お客様に尋ねる時のフレーズはどれですか。

A. 私がお聞きします。

B. 私がお伺いします。

C. ぜひ、私に伺わせてください。

D. 私でよければお伺いしましょうか。

(5) 携帯電話で仕事の話をする時のマナーとして間違っているものはどれですか。

A. 静かな場所で話す

B. 歩きながら話す

C. 携帯電話を使っていることを伝える

D. 「聞き取りにくいかもしれない」と伝えておく

2. 次の会話の括弧に入る最も適切な語句をABCDEFから選んでください。

(1) 会話1

A. どちら様でしょうか　　　　B. 申し遅れました

C. お待たせしました　　　　　D. 恐れ入ります

E. お電話差し上げます　　　　F. ご用件でしょう

李：（　①　）ヤマト商事でございます。

取引先：あのう、（　②　）が、営業一課の李様をお願いしたいのですが。

李：李は私ですが、失礼ですが、（　③　）か。

取引先：（　④　）。わたくし、初めて（　⑤　）東方会社の山本と申します。

李：初めまして、営業一課の李です。東方会社の山本様でいらっしゃいますね。ところで、本日はどのような（　⑥　）か。

（2）会話2

A. 確かに承りました　　　　　　B. かけ直します

C. 申し訳ございません　　　　　D. お待ちいただけます

E. お待たせしました　　　　　　F. いかがいたしましょう

李：（　①　）ヤマト商事でございます。

取引先：お忙しいところを（　②　）が、私、大阪商事の木村と申します。営業部長の佐藤様をお願いしたいのですが。

李：申し訳ございません。佐藤はただ今電話中ですので、このまましばらく（　③　）でしょうか。

李：誠に申し訳ございません。どうも佐藤の電話が長くなりそうなのですが、（　④　）か。

取引先：そうですか。では、改めてこちらから（　⑤　）ので、木村から電話があったとお伝えください。

李：（　⑥　）。私、営業部の李と申します。

3. ①～⑧には下から適切なものを選び、会話を完成させてください。

A. 確認させていただきます。

B. 申し訳ございません。

C. 長くなりそうです。

D. 失礼いたします。

E. 確かに承りました。

F. ご伝言をお願いします。

G. 毎度ありがとうございます。

II. おかけ直しいたしましょうか。

田中：（　①　）。東京商事でございます。

取引先：私は中日株式会社の吉井と申します。営業部長の佐藤さんをお願いします。

田中：中日株式会社の吉井様でいらっしゃいますね。（　②　）。佐藤はただ今電話中ですので、このまましばらくお待ちいただけませんで

しょうか。

取引先：はい。

……

　　田中：誠に申し訳ございません。佐藤の電話はどうも（　③　）ので、こちらから（　④　）か。

取引先：では、恐れ入りますが、会社におりますので、電話をくださいますよう、佐藤さんに（　⑤　）。

　　田中：かしこまりました。では、念のため、会社のお電話番号を教えていただけないでしょうか。

取引先：はい、03－1234－5678です。

　　田中：もう一度（　⑥　）。03－1234－5678でよろしいでしょうか。

取引先：はい、間違いありません。

　　田中：では、電話が終わり次第、吉井様のほうへ電話いたします。

取引先：よろしくお願いいたします。

　　田中：（　⑦　）。私は営業一課の田中と申します。では、（　⑧　）。

4. 中村さんは取引先からの電話を受けました。次の会話を完成してください。

　　中村：はい、東京商事①＿＿＿＿＿＿＿＿。

取引先：私は上海貿易会社の周②＿＿＿＿＿＿＿＿。営業課の鈴木さんを③＿＿＿＿＿＿＿＿。

　　中村：上海貿易会社の周④＿＿＿＿＿＿＿＿ね。誠に申し訳ございませんが、鈴木はただ今、⑤＿＿＿＿＿＿＿＿。何かお急ぎの⑥＿＿＿＿＿＿＿＿でしょうか。

取引先：ええ、ちょっとご相談したいことが⑦＿＿＿＿＿＿＿＿。

　　中村：鈴木でしたら、まもなく戻ると思いますので、後ほどお電話させましょうか。

取引先：いいえ、結構です。後ほど私の方から⑧＿＿＿＿＿＿＿＿ので。

　　中村：さようですか。では、鈴木にそう伝えておきます。私は営業課の中村⑨＿＿＿＿＿＿＿＿。

取引先：では、よろしくお願いします。

　　中村：かしこまりました。では、⑩＿＿＿＿＿＿＿＿。

練習Ⅲ——挑戦しましょう。

1. ロールプレーをしてみよう。

　あなたはＡ会社の社員で、楽天市場のバッグ専門店「旅のカラー」を運営しています。お客様の村上さんから、注文したスーツケースがいつ納品できるか、というお問い合わせ電話がありました。電話の対応手順によって電話を受けるシーンを具体的に考え、二人でロールプレーの実践練習をしてみなさい。

2. 次の条件によって、会話を作ってみよう。

場面設定：社内

　張：　（営業部社員）総務部の西川さんに用事があって電話をしていますが、西川さんは電話に出られません。同僚の田中さんに伝言を頼んでください。

田中：　（総務部社員）営業部の張さんから西川さん宛ての伝言を受けてください。

知識拓展

1. 電話をかける時のポイント

(1) 電話する前に、相手の名前、部署名、役職名を確認しておく。

(2) 時間帯を選ぶ。

　　営業時間外、昼食の時間帯、退社時刻前、夜間はなるべく避ける。

(3) 電話する前に「要件の内容」と「話す順番」をメモしておく。

(4) 電話での会話は、正確・簡潔・丁寧で、要領よく話して、普通の要件なら、三分以内で終わるように心がける。

2. 電話を受ける時のポイント

(1) 電話のベルが鳴ったら、2コール以内で受話器を取る。3コール以上鳴ったら、「お待たせいたしました」とお詫びの言葉を添える。

(2) 感じよく電話に出る。

(3) 電話がかかってきたら、会社での受け答えで「もしもし」は不要である。

「はい、～でございます」というように答えよう。

3. 伝言を受ける時のポイント

（1）伝言を受けるときは、メモを取る。

（2）必ず相手側の名前、連絡先、伝言内容を再確認する。

（3）最後に自分の所属部署と名前を相手に告げる。

4.「不在の状況」について、どこまで話せるのか

正解：必要な情報を伝えるだけで十分である。

説明：「営業秘密」と「個人情報」の保護に注意し、電話や日常的なコミュニケーションにおいて「営業秘密」も「個人情報」も外部に漏らさないようにご注意ください。国家の安全や利益に関する「国家機密」を漏らさないよう、もっと注意を払うべきである。

第四课 | **拜访**

工作中免不了要去其他公司办事。此刻的交往代表了公司的形象，同时也表现出个人的修养与能力。在前台、接待室、见面时、交换名片时都要表达得体。

学习目标

(1) 能够比较熟练地完成用日语电话预约的会话，能够比较熟练地完成拜访客户的工作。

(2) 通过推介地方特产，提高向海外传播地方特色产品和特色文化的能力。

(3) 认识到工作中应考虑时间成本，节约时间也是节约意识的体现。认识到守时守信是工作中最基本的原则。只有守时、讲诚信的人才能得到他人的信任，才能在职场中走得更远。

课前思考

(1) 訪問する前に何を準備しますか。

(2) 訪問の身だしなみについて、何をチェックしますか。

(3) 訪問する場合、約束時間の何分前に到着しますか。

基础会话

（一）预约

1. 流程

フローチャート

> アポイントの申し入れ
> ⇩
> 日時（場所）を確認する
> ⇩
> 再確認する

2. 典型表达

1) 「アポイントの申し入れ」の例

・お忙しいところを恐れ入りますが、新製品の件でご相談に伺いたいのですが、ご都合はいかがでしょうか。（百忙之中打扰您很抱歉，我想找您商量一下新产品的事情，您方便吗？）

・お忙しいところを恐れ入りますが、来週の展示会の件で、ご相談に参りたいのですが。（百忙之中打扰您真不好意思，我想就下周展览会的事去和您商量一下。）

・突然のお願いで誠に恐縮ですが、見積もりの件で至急お目にかかりたいのですが。（很抱歉突然提出请求，但我想立刻和您碰面商量估价一事。）

・お忙しいところを申し訳ありませんが、例の企画についてお聞きしたいことがございますので、お時間をいただけないでしょうか。（百忙之中打扰您很抱歉，能否占用您一点时间咨询规划之事？）

2) 「日時（場所）を確認する」の例

・そちら様のご都合のよい日時をご指定ください。（请指定您方便的时间。）

・来週、そちら様のご都合の良い日をお教え願えませんか。（能告诉我您下周方便的日子吗？）

・お時間は、何時ごろがよろしいでしょうか。（您几点方便呢？）

・当方の勝手な都合で誠に申し訳ございませんが、10月15日ではいかがでしょ

うか。（不好意思，按照我们的安排，10 月 15 日怎么样？）

・午後 3 時はいかがでしょうか。（下午 3 点怎么样？）

・御社にお伺いいたします。（拜访贵公司。）

・ご足労ですが、弊社までお越しいただけないでしょうか。（能劳驾您来本公司吗？）

・ご足労いただけませんか。（请您来一趟好吗？）

・ご足労願えませんか。（请您走一趟好吗？）

3) 「再確認する」の例

・では、明日の午後 3 時に伺います。ありがとうございます。（那我明天下午 3 点去拜访您。非常感谢。）

・それでは、11 月 6 日の午前 10 時にお伺いします。よろしくお願いいたします。（那我 11 月 6 日上午 10 点去拜访您。请多关照。）

3. 会話示例

李明：はい、ABC 会社でございます。

西川：わたくし、青山商事の西川と申しますが。

李明：西川さんでいらっしゃいますね。わたくし、李明です。いつもお世話になっております。

西川：こちらこそ、いつもお世話になっております。お忙しいところを恐れ入りますが、来週、中国出張の際に新製品の件でぜひお目にかかりたいのですが、李様のご都合はいかがでしょうか。

李明：大変申し訳ございませんが、来週は中国の春節の連休にあたり、対応が難しいので、日程の変更を検討していただくことは可能でしょうか。

西川：失礼ですが、ご都合のよろしい日をお教え願えますでしょうか。

李明：春節休み期間は 2 月 10 日から 2 月 17 日まで 8 連休です。それでは、2 月 20 日はいかがでしょうか。

西川：はい、2 月 20 日の午前 10 時にお伺いします。よろしくお願いします。

李明：では、ご来社をお待ちしております。

西川：ありがとうございます。失礼いたします。

李明：失礼いたします。

（二）把要会面的情况告知前台

1. 流程

フローチャート

企業名（略さずに）正式名称で自己紹介する
⇩
名指し人の名前だけでなく　部署名も伝える
⇩
アポイントメントの有無を伝える

2. 典型表达

1)　「企業名（略さずに）正式名称で自己紹介する」の例

・私は中日会社の李と申します。（我是中日公司的小李。）

・ABC会社の田村と申します。お世話になっております。（我是ABC公司的田村。承蒙您的关照。）

2)　「名指し人の名前だけでなく　部署名も伝える」の例

・営業部の鈴木様にお取り次ぎいただきたいんですが。（我想找营业部的铃木先生。）

・営業部の鈴木様にご連絡いただけますか。（能联系一下营业部的铃木先生吗？）

・営業部の鈴木様にお目にかかりたいんですが。（我想见见营业部的铃木先生。）

3)　「アポイントメントの有無を伝える」の例

①アポイントメントがある場合

・本日3時に人事課の山本様とお約束をいただいております。（今天下午3点和人事科的山本先生有约。）

・竹田課長に10時にお目にかかることになっております。（早上10点和竹田科长见面。）

・李さんに3時にお会いする約束になっております。（我和李先生约好下午3点见面。）

②アポイントメントがない場合

・突然お伺いいたしまして、恐縮です。（突然来访，实在不好意思）

・お約束はいただいておりませんが、近くまで参りましたのでご挨拶をしたいと思いまして。（虽然没有提前约定，但是我到了附近，所以想跟您打个招呼。）

3. 会话示例

受付：いらっしゃいませ。

　周：わたくし、サクラ電気の周と申します。海外事業部の佐々木部長と10時にお会いする約束になっております。

受付：サクラ電気の周様でいらっしゃいますね。少々お待ちください。

（三）开始谈拜访的目的

1. 流程

フローチャート

> 事由を言い出す
> ⇩
> 持参したものを見せる
> ⇩
> 相手から意見を引き出す

2. 典型表达

1)　「事由を言い出す」の例

・先日、お電話でもお話いたしましたが、この度、弊社が東京に支社を作ることになりまして。（前几天，我在电话里提到过，这次敝公司要在东京设立分公司。）

・先週、お電話でもお話いたしました通り、この度、当社が日本向けに製品を開発することになりまして。（正如上周在电话里所说的那样，这次本公司决定开发面向日本的产品。）

・昨日、お電話でもお話いたしましたが、この度、当社が大阪の市場調査をすることになりまして。（昨天我在电话里提到了，这次我们公司要进行大阪

的市场调查。）

2) 「持参したものを見せる」の例

・こちらが製品サンプルです。（这是产品样品。）

・こちらがプロジェクト・プランです。（这是项目计划。）

・こちらが営業内容です。（这是营业内容。）

・こちらが商品のカタログです。（这是商品目录。）

・こちらが海外進出の企画です。（这是进入海外市场的规划。）

3) 「相手から意見を引き出す」の例

・ぜひご意見をいただきたいと思いまして。（我想请您务必提出意见。）

・ぜひ課長にアドバイスをいただきたいと思いまして。（我想请科长务必给我建议。）

・ぜひ部長にご指摘していただきたいと思いまして。（我想请部长务必给我指点。）

3. 会话示例

　　周：早速ですが、先日、お電話でもお話いたしましたが、この度、当社が日本向けに製品を開発することになりまして。

佐々木：はい。

　　周：こちらが製品サンプルです。

佐々木：ああ、どうも。拝見いたします。

　　周：恐れ入ります。ぜひご意見をいただきたいと思いまして。

（四）为建立今后的商务关系而发言

1. 流程

フローチャート

相手の会社とビジネスの関係ができるように挨拶する
⇩
相手会社と業務関係を築くために積極的に協力する姿勢を示す

2. 典型表达

1) 「相手の会社とビジネスの関係ができるように挨拶する」の例

・どうか、よろしくお願いします。（请多关照）

・ぜひ、よろしくお願いします。（请一定要多多关照。）

・これからもよろしくお願いします。（今后也请多多关照。）

2) 「相手会社と業務関係を築くために積極的に協力する姿勢を示す」の例

・何かほかの資料が必要でしたら、いつでも、お電話をください。すぐお持ち
　しますので。(如果还需要其他资料的话，请随时给我打电话。马上给您拿过去。)

・更に詳しい資料が必要でしたら、いつでも、ご連絡をください。すぐお届
　けしますので。（如果需要更详细的资料的话，请随时联系我。马上给您送去。）

・ほかの関係の資料が必要でしたら、いつでも、お電話をください。すぐお
　送りしますので。（如果需要其他相关资料的话，请随时给我打电话。马上给
　您寄去。）

3. 会话示例

佐々木：なかなか、いい商品ですね。

　　周：ありがとうございます。

佐々木：どんな結果になるかはまだご返事できませんが、早速、検討してみ
　　　　ましょう。

　　周：どうか、よろしくお願いします。ほかの関係の資料が必要でしたら、
　　　　いつでもお電話をください。すぐお持ちしますので。

佐々木：はい、そうします。

　　周：今後とも、よろしくお願いします。

（五）告辞

1. 流程

フローチャート

相手を感謝する
⇩
辞去する

2. 典型表达

「相手を感謝して、辞去する」の例

・今日はお忙しいところをすっかりお邪魔いたしました。（今天在您百忙之中打扰了。）

・今日はお忙しいところを長いことお邪魔いたしました。（今天在您百忙之中打扰了您很长时间。）

・大変貴重なご意見を伺いまして、ありがとうございました。（非常感谢您的宝贵意见。）

・いろいろ教えていただきまして、ありがとうございました。（谢谢您的多方面教导。）

・貴重なアドバイスを頂きまして、ありがとうございました。（谢谢您的宝贵建议。）

・大変参考になるお話を伺いまして、ありがとうございました。（非常感谢您告诉我有参考价值的话。）

3. 会话示例

周：部長、今日はお忙しいところをすっかりお邪魔いたしました。

佐々木：いえいえ、いろいろ楽しい話が聞けました。

周：こちらこそ、大変貴重なご意見を伺いまして、ありがとうございました。では、これで、失礼させていただきます。

佐々木：そうですか。こちらも早速検討してみますから。

周：はい。よいご返事をお待ちしております。それでは、失礼いたします。

（六）重要词汇和语法

1. キーワード

展示会【てんじかい】①（名）	展览会
見積もり【みつもり】⓪（名）	报价，估价，报价单
足労【そくろう】⓪（名）	劳步，劳驾
支社【ししゃ】①（名）	分部，分公司，分行；支行；分号，分店，支社（神社の分社）

（続き）

サンプル【sample】① （名）	样品，货样，样本，标本
プロジェクト【project】②③ （名）	研究课题；计划，设计
カタログ【catalogue】⓪ （名）	目录，商品目录，商品说明书；样本
海外進出【かいがいしんしゅつ】① （名）	向海外发展
指摘【してき】⓪ （名・他サ）	指出；指摘
検討【けんとう】⓪ （名・他サ）	讨论，探讨，研究

2. 文型と表現

① クッション言葉＋～の件で伺いたい／待ち合わせしたい。

这是请求见面的说法。"伺う"是"訪ねる"的自谦语，可译为：打扰您很抱歉，我想找您当面商量一下……的事情。

② そちら様のご都合のよい日時をご指定ください。

这是以对方为优先的表达。可译为：请您指定方便的时间。"ご指定ください"和"指定してください"都译为"请指定"，但是"ご指定ください"是尊敬语，"指定してください"内含指示、命令的语气。两者应区别使用。

③ お待ちしております。

这是"待っています"的自谦语。中文译为"我等您。"或者"恭候您的光临。"

进阶会话

（一）更改预约

1) 相手の会社に伺う日時を変更する場合

小野：東京商事の小野です。

李：ABC会社の李と申します。いつもお世話になっております。

小野：こちらこそいつもお世話になっております。ところで、今日は何かご用でしょうか。

李：大変申し訳ございませんが、先日のお約束、日時を変更していただけないでしょうか。

小野：どういうことなのでしょうか。

李：実は当日、急な出張が入りまして、16日以降でご都合のよろしい日と時間を指定していただけましたら、必ずお伺いいたします。

小野：そういう事情なら、仕方ありません。では、18日の午前10時はいかが
　　　でしょうか。

　李：ありがとうございます。18日の午前10時に今度こそ間違いなく伺わせ
　　　ていただきます。

小野：はい、お待ちしております。

2) 相手に来てもらう日時を変更する場合

佐藤：ABC証券でございます。

　王：あのう、先日お電話をいただいた上海商事の王と申します。いつもお
　　　世話になっております。

佐藤：佐藤です。いつもお世話になっております。

　王：先日のお電話で、来週月曜日に弊社までお越しいただくことになって
　　　おりますが、あいにく社長が緊急会議のため、今週末出張することに
　　　なりました。大変申し訳ございませんが、面会時間を変更していただ
　　　けないでしょうか。

佐藤：わかりました。では、ご都合のいい日を教えてください。

　王：来週木曜日の午後はいかがでしょうか。

佐藤：来週木曜日ですと、お伺いできるのは午後3時になってしまいますが。

　王：はい、構いません。では、来週木曜日の午後3時にお待ちしております。

（二）参観工厂

田中：先日お送りいただいた畳のサンプルですが、益陽産のい草で作られて
　　　いますか。

　周：ええ。い草には湿度調整、空気清浄、消臭、抗菌などの効果があるの
　　　で、畳の原料にすると、私たちの暮らしを健やかにしてくれるんです。
　　　嬉しい効果ですね。

田中：さすが益陽産のい草、優れていますね。商品の作り方や詳細もはっき
　　　りしていて、いいですね。

　周：そうですね。細部まで巧みに作られているのは、マニュアル作業など
　　　から起きる人為的なミスを防止するために、様々な検査工程を自動化
　　　しているからなんです。ロボットアームやカメラなどを組み合わせて、

独自の製造装置を開発しています。

田中：それは素晴らしいですね。

周：自動化されたシステムが整っている工場だからこそ、高品質の畳やござの製造が可能になっているんですね。

（三）向提供了帮助的人汇报并表示感谢

李：西村さんにいろいろご紹介いただいたおかげで、先日、大きな契約が取れました。今日は、そのご報告に伺いました。

西村：そうですか。それはよかったですね。

李：ありがとうございます。

西村：いいえ、それでどんな契約になりましたか。

李：はい、鈴木さんの会社に、上海会社の商品Aを供給する契約をいただきました。

西村：ああ、そうですか。それはおめでとうございます。

（四）重要词汇和语法

1. キーワード

日程【にってい】⓪（名）	日程，每天的计划〔安排〕
契約【けいやく】⓪（名）	契约，合同
役員会【やくいんかい】③（名）	董事会
マニュアル【manual】⓪①（名）	手册，便览，指南
ディテール【detail】⓪（名）	细目，细节
ござ【茣蓙】①（名）	席子，凉席
ロボットアーム【robot arm】⓪（名）	机械臂

2. 文型と表現

① 面会時間を変更していただけないでしょうか。

"ていただけ"是授受补助动词"ていただく"的可能态。用于表示非常委婉且礼貌地向对方提出请求。可译为：能更改一下会面时间吗？

② 自動化されたシステムが整っている工場だからこそ、高品質の畳やござの製造が可能になっているんですね。

"からこそ"表示前后内容之间存在强烈的因果关系，正是因为有了前项的原因，才产生了后项的结果。比"から""ので"等表达的语气更强烈。可翻译为：正因为……才……。本句可译为：正因为是自动化系统完备的工厂，所以才可能制造出高品质的榻榻米和席子呀。

練 習

練習Ⅰ——やってみましょう。

1. 次の文を読んで、最も相応しいものを、A、B、C、Dから一つ選びなさい。

(1) 方法・準備・日時などを前もって相談しておくことを何と言いますか。

　　A. すり合わせ

　　B. 打ち合わせ

　　C. 待ち合わせ

　　D. おと合わせ

(2) 昼の12時から1時くらいの時間に取引先へ電話をかけた時の表現はどれですか。

　　A. お昼時に申し訳ございません。

　　B. 昼休みですが、大丈夫ですか。

　　C. お忙しい昼休み、申し訳ございません。

　　D. ご迷惑をおかけいたします。

(3) 相手が現在、電話出来る状態かどうか、確認する表現はどれですか。

　　A. 今、5分だけ私にいただけますか。

　　B. 今、少々時間を割いていただけますか。

　　C. 今、少しお時間よろしいでしょうか。

　　D. 今、お時間ありますか。

(4) 仕事のアポイントを延期する時に使う表現はどれですか。

　　A. またいつか

　　B. また後日

　　C. また今度

D. また次回

(5) 次の会話の後に続く言葉として相応しいものはどれですか。

A：では、一度そちらにお伺いしたいのですが、来週ご都合のよい日はございますか？

B：来週はちょっと先約でいっぱいでして……。今週なら大丈夫なんですか……

A：（　　　　　）

A. では、あしたは暇ですか。

B. では、あしたでも大丈夫ですよ。

C. では、あしたはいかがでしょうか。

D. では、今週のいつが暇でしょうか。

2. 日本語に訳してみてください。

(1) 百忙之中打扰您很抱歉，我想找您商量一下新产品的事情，您方便吗？

(2) 能告诉我您下周方便的日子吗？

(3) 我想见见营业部的铃木先生。

(4) 我和田中先生约好3点见面。

(5) 如果需要更详细的资料的话，请随时联系我，我马上给您送过去。

(6) 谢谢您的宝贵建议。

3. A、Bからビジネス・シーンに相応しい日本語を選んでください。

(1) 我想找营业部的铃木先生。（　　　）

A. 営業部の鈴木様にお取り次ぎさしあげますが。

B. 営業部の鈴木様にお取り次ぎいただきたいんですが。

(2) 10点和田中课长见面。（　　　）

A. 田中課長に10時にお目にかかることになっております。

B. 田中課長に10時にお目にかけることになっております。

(3) 突然来访，实在不好意思。（　　　）

A. 突然お伺いいたしまして、恐縮です。

B. 突然お伺いいただきまして、恐縮です。

(4) 我想请您务必提出意见。（　　　）

A. ぜひご意見を提出したいと思いまして。

B. ぜひご意見をいただきたいと思いまして。

(5) 恭候您的光临。（　　）

A. お待たせしております。

B. お待ちしております。

練習Ⅱ——覚えましょう。

1. アポイントを取るとき、次のような場合はどのような表現を使いますか。

(1) 先方に日時を任せるとき　　　　　　　（　　）

(2) 日時を決めるとき　　　　　　　　　　（　　）

(3) 急にお願いするとき　　　　　　　　　（　　）

(4) わざわざ来てもらうとき　　　　　　　（　　）

(5) その日時では無理なとき　　　　　　　（　　）

(6) その日時でいいとき　　　　　　　　　（　　）

　　A. あいにくその日は都合がつきません。

　　B. 10月15日はいかがでしょうか。

　　C. けっこうです。

　　D. ご都合のいい日をご指定ください。

　　E. 突然のお願いで恐縮ですが……

　　F. ご足労ですが……

2. 下線部分を下の言葉に言い換えて、会話をしてください。

　　A：本日はお忙しいところ　①お時間をとって　いただいてありがとうございました。　②今後も今まで同様　よろしくお願いいたします。

　　B：こちらこそ、よろしくお願いいたします。

　　(1)①私どものためにお時間を割く　②今後とも

　　(2)①新製品をみる　②どうかご検討のほど

　　(3)①私どもの話を聞く

　　　　②いろいろお世話になると思いますが

　　(4)①お時間を作る

　　　　②これをきっかけに今後ともおつきあいを

3. 以下の内容について、正しいものに〇、間違ったものに×を（　）に入れなさい。

(1) 会社訪問で大事なのは臨機応変であることなので、自分の都合のいい時間に他社を訪問してよい。アポイントは別に取らなくてよい。（　）

(2) お礼を言うために他社を訪問する場合、手ぶらで行くのは禁物である。その場合のお土産は、訪問先の近くの店で買えばよい。（　）

(3) 他社を訪問中であっても、進行中の仕事は他にもある。そのため、常に携帯電話の電源は切らないでおくべきだ。（　）

(4) 訪問先の受付担当者に聞かれる前に、自分の氏名、会社、所属、アポイントの有無を伝えるのが常識である。（　）

(5) 相手から名刺をもらったら、紛失しないように、その場で名刺入れやかばんの中にしまい込むべきである。（　）

(6) 商談を無事に成立させるためには、自分自身の身だしなみ、立ち居振る舞い、言葉遣いにまで気を配らなければならない。（　）

(7) 名刺をもらったら、必ず相手の名前を復唱する。読めない字があったらその場で恥ずかしがらずに聞く。（　）

(8) 他社を訪問する場合、まず相手の都合を考える。日時の設定は、週明けや連休明け、週末や月末、始業時や終業時、ランチタイム前後の時間帯を避けた方がよい。（　）

練習Ⅲ——挑戦しましょう。

1. 次の内容によって、会話を作ってみよう。

　　あなたはA会社営業部の社員です。A会社は最近神戸支社を設立して日本市場向け販売事業を開始したばかりです。来月、商品宣伝を目的として神戸のB会社を訪問します。B会社に電話して、アポイントを取ってください。

2. 次の内容によって、予約を変更する会話を作ってみよう。

（1）約束の日に出張することになった。

（2）相手に詫びる。

知识拓展

1. 訪問する前の準備

(1) 持ち物の準備

例：会社概況、企画書、商品カタログ、商品サンプル、名刺などである。

(2) 身だしなみ

相手に好感を持たれるように身だしなみを整えていこう。

(3) アポイントを取るポイント

①訪問の目的を伝える。

②日時を確認する。

日時を決める際は、始終業時・ランチタイム・休日・週明けの初日・月末期末などをさけたほうがいいである。

③同行する人数を伝える。

④場所を確認する。

⑤アポイントが取れたら、日時、訪問場所、訪問相手を再確認し、お礼の言葉を忘れずに伝える。

※ビジネス訪問の際に、中国の祝日・休みと日本の祝日・休みを避けたほうが良い。

月	中国の祝日・休み	日本の祝日・休み
1 月	元旦	元日
2 月	春節	建国記念の日
4 月	清明節	
5 月	メーデー	ゴールデンウイーク
6 月	端午節	
8 月		お盆休み
9 月	中秋節	
10 月	国慶節	

2. 受付でのマナー

(1) 時間厳守。約束時間の5分前に到着する。早すぎるのはマナー違反である。（時間を守ることが社会人としての最低限の常識で、時間を守らない

人が信用できない人と見られるので、約束の時間をちゃんと守って、信用を重んじる人間になろう。）

(2) 玄関前でコートを脱いで、片手に持つ。手袋やマフラーも取る。

(3) 雨の日は、部屋の中を汚さないように配慮する。レインコートを脱いで、傘をたたんで、中に持ち込まないようにする。

3. 応接室でのマナー

(1) 立ったままで挨拶する。

(2) 席は勧められた場所に座る。指定がなければ、下座に座るのがマナーである。

(3) 椅子に座るときは、少し浅めに座り、女性の場合は足をそろえ、男性の場合はあまり足を広げずにする。座ったら背筋をまっすぐにする。

(4) 小さなカバンはソファーの上、大きいカバンは足元に置く。

(5) 面会者が来る前に必要な資料や名刺を準備しておく。

(6) 相手の目を見て言葉を述べてから、お辞儀をする。

4. 商談中のマナー

(1) 無駄な話はせず、本題に入る。

(2) 要領よく説明し、要所では、相手の了解や納得を確認する。

(3) 基本的に商談中は禁煙である。

5. 辞去のマナー

(1) 用事が済んだら速やかに辞去する。引き止められても、丁重に辞退する。

(2) 椅子席であればきちんと椅子を元の場所に戻す。

(3) 感謝の気持ちを込めて挨拶する。

「本日はお忙しいところお時間を頂き、ありがとうございました。今後ともよろしくお願いいたします。」

(4) コートは玄関を出てから着用する。

6. い草 (藺草)

い草は湿地や浅い水中で成長する単子葉植物である。長いもので150cm近く

も成長する。その茎を刈り取って、畳やござなどが作られる。2020年に、湖南省益陽市の四季紅村は寧波市と眉山市に次ぐ全国で3番目にい草を栽培する地域となった。毎年10月下旬から11月上旬まで、晩稲を収穫した後、い草を植えることができ、翌年6月末に収穫する。ムーあたり収穫量は最大約2250kgに達する。そして、い草の加工企業を導入した。2023年4月に、15トンの益陽産い草は、半製品の形で日本に輸出された。これは益陽産い草が初めて海外に出ることである。

第五课 | **接待访客**

　　被安排接待客人的时候，一想到举手投足都被看在眼里，就会担心该怎么做才好，态度容易变得不自然。要想举止自然，需要一定的经验和诀窍。

学习目标

(1) 了解接待访客的流程，熟悉迎接宾客、引导宾客和恭送宾客的日语会话，能够比较熟练地完成接待宾客的相关工作。

(2) "礼待宾客"在中国向来被视为基本礼仪之一。通过学习工作中接待客人的基本礼仪，认识到礼待宾客的重要性。

课前思考

(1) アポイントがない来客に対して、どのように応対しますか。

(2) お客さんを応接室へ案内する場合、何を言いますか。

(3) どんな席は上座ですか。

基础会话

（一）前台的接待

1. 流程

フローチャート

> 挨拶をする
> ⇩
> 相手が誰なのかを確認する
> ⇩
> 相手の要件を尋ねる
> ⇩
> アポイントの有無を確認する

2. 典型表达

1) 「挨拶をする」の例

・いらっしゃいませ。（欢迎光临。）

2) 「相手が誰なのかを確認する」の例

・失礼ですが、どちら様でしょうか。（对不起，请问您是哪位？）

・恐れ入りますが、お名前をお伺いしてよろしいでしょうか。（不好意思，可以问一下您的名字吗？）

3) 「相手の要件を尋ねる」の例

・恐れ入りますが、どのようなご用件でしょうか。（不好意思，请问有什么事？）

・すみませんが、どのようなご用件でしょうか。（不好意思，请问有什么事？）

4) 「アポイントの有無を確認する」の例

＜アポありの場合、予約してある部屋へ案内する。アポなしの場合、取次ぐ相手に確認する。＞

・失礼ですが、お約束でございますか。（对不起，您预约了吗？）

・お待ちしておりました。（已恭候多时。）

・お取次ぎいたしますので、少々お待ちくださいませ。（我给您转接，请稍等。）

3. 会話示例

1) 名指し人がいる場合

受付：いらっしゃいませ。

中島：お忙しいところを恐れ入ります。わたくし、ヤマト電気の中島と申します。お約束はないのですが、営業課の佐藤課長はいらっしゃいましたら、お目にかかりたいのですが。

受付：どのようなご用件でしょうか。

中島：先日ご相談した件、至急ご連絡したいことがございまして。

受付：かしこまりました。お取次ぎいたしますので、少々お待ちくださいませ。

中島：はい、よろしくお願いします。

2) 名指し人がいない場合

受付：いらっしゃいませ。

中島：お忙しいところを恐れ入ります。わたくし、ヤマト電気の中島と申します。

受付：はい、いつもお世話になっております。

中島：本日お約束はしておりませんが、営業課の佐藤課長にお会いすることはできないでしょうか。

受付：営業課の佐藤ですね。ただ今お取次ぎしますので、少々お待ちください。

（しばらくして）

受付：大変申し訳ございませんが、あいにく佐藤は出張に出かけており、ただ今不在ですが。

中島：そうですか。

受付：せっかくお越しいただいたのに、申し訳ございません。

中島：いいえ、こちらこそ、突然お伺いして申し訳ございませんでした。では、また今度改めてお伺いいたしますので、本日はこれで失礼いたします。

（二）引导，带路

1. 流程

フローチャート

> 行き先を告げる
> ⇩
> 先導する
> ⇩
> 入室する
> ⇩
> 上座へのご案内
> ⇩
> 退室する

2. 典型表达

1) 「行き先を告げる」の例

・応接室にご案内いたします。（我带您去接待室。）

・会議室までご案内いたします。（我带您去会议室。）

2) 「先導する」の例

・こちらでございます。（在这边。）

3) 「入室する」の例

・こちらへどうぞ。（请往这边走。）

・どうぞお入りください。（请进。）

4) 「上座へのご案内」の例

・どうぞこちらにおかけください。（请坐在这里。）

・こちらにお掛けになってお待ちください。（请坐在这里稍等。）

5) 「退室する」の例

・ただ今担当者を呼んでまいります。失礼いたします。（我现在去叫负责人。失陪了。）

・すぐに担当者が参りますので、少々お待ちください。（负责人马上就来，请稍等。）

3. 会话示例

受付：松下商社の田中様でいらっしゃいますね。応接室までご案内いたします。どうぞ、こちらへ。

田中：はい、よろしくお願いいたします。

受付：こちらでございます。どうぞこちらにおかけください。すぐに担当者が参りますので、少々お待ちください。失礼いたします。

田中：はい、失礼します。

（三）接待室的应对

1. 流程（预约客人来访）

フローチャート

挨拶
⇩
本題に入る

2. 典型表达

「挨拶して、本題に入る」の例

・お待たせして、どうも申し訳ありませんでした。（让您久等了，非常抱歉。）

・お呼び立てして、どうも申し訳ありませんでした。（叫您来，真对不起。）

・わざわざご足労いただき、どうも申し訳ありませんでした。（您特意来，真是太抱歉了。）

3. 会话示例

佐藤：お待たせして、どうも申し訳ありませんでした。

中島：いえいえ、お忙しい中、貴重なお時間を取ってくださり、誠にありがとうございました。

佐藤：いいえ、こちらこそ。ご足労いただき、恐縮です。

中島：それで、早速ですが、先日お願いした件、ご検討いただけたでしょうか。

4. 流程（未预约客人来访）

フローチャート

挨拶
⇩
手短に用件を説明してもらう

5. 典型表达

「手短に用件を説明してもらう」の例

・どのようなご用件でしょうか。（有什么事吗？）

・お名刺を頂戴できますか。（可以给我名片吗？）

・私がご用件を承りますが。（我能为您效劳吗？）

・仕事が立て込んでおりますので、手短にお願いできますか。（工作很忙，能请您简短说一下吗？）

6. 会话示例

担当者：お待たせしました。営業課の吉田です。

　田中：初めまして、わたくし、ABC会社の田中と申します。本日、貴重なお時間を割いていただき、申し訳ありませんでした。

（名刺交換）

担当者：あのう、誠に申し訳ございませんが、いろいろ仕事が立て込んでおりまして、手短にご用件をお願いできませんか。

　田中：はい、実はこの度御社が開発いたしました新商品について、ぜひとも弊店で販売させていただきたいと思いまして。

（四）临别时的应对

1. 流程

フローチャート

> 話を切り上げたいときの言い方
> ⇩
> 相手へのお礼の言い方
> ⇩
> 別れ際の言葉

2. 典型表达

1) 「話を切り上げたいときの言い方」の例

・次の得意先回りも残っておりますので、私はこれで失礼します。（还要去见下一个客户，我就先告辞了。）

・もっとゆっくりお話ししたいのですが、あいにく今日は 11 時から会議が入っておりますもので、……（我还想慢慢聊，不巧今天 11 点开始开会，所以……）

2) 「相手へのお礼の言い方」の例

・本日はお時間を割いていただきまして、ありがとうございました。（感谢您今天抽出时间。）

・本日はお忙しいところを、ありがとうございました。（感谢您今天百忙之中抽出空来。）

・本日はご足労いただき、本当にありがとうございました。（今天劳烦您来，非常感谢。）

3) 「別れ際の言葉」の例

・詳しいお話は次回ということで。またお会いできるのを楽しみにしております。（详细情况下次再说。期待着能再见到您。）

・では、ご連絡をお持ちしております。（那么，等您的联系。）

3. 会话示例

担当者：もっとゆっくりお話ししたいのですが、あいにく今日は 11 時から会

議が入っておりますもので……

田中：さようですか。これをご縁に弊社をお引き立てください。

担当者：それでは、この話の続きは、後日改めてということでよろしいでしょうか。

田中：はい。また、こちらからお電話させていただきます。本日はお忙しいところを、ありがとうございました。では、これで失礼いたします。

担当者：本日はご足労いただきまして、本当にありがとうございました。では、玄関まで、お送りいたします。

（五）重要词汇和语法

1. キーワード

至急【しきゅう】⓪（名・副）	火急，火速，赶快；快，急，加急
応接室【おうせつしつ】⑤（名）	接待室
立て込む【たてこむ】③（自Ⅰ）	拥挤；事情多，繁忙
手短【てみじか】⓪（形动）	简单，简略
得意先【とくいさき】⓪（名）	顾客，老客户

2. 文型と表現

① 失礼ですが、お約束でございますか。

确认有无预约时使用。若有预约，带其进入预约房间。若无，则需要确认对方身份信息等。可译为：冒昧问一下，您预约了吗？

② これをご縁に弊社をお引き立てください。

寒暄语，希望加深双方友谊的表达。可译为：以此为契机，请您多关照本公司。类似的句子还有：これをご縁に今後ともよろしくお願いいたします。

进阶会话

（一）咨询货物包装

佐藤：包装はどういうふうにするのですか。

　李：包装は紙箱で、一箱に五つ入れ、12箱を一つの段ボールケースにつめます。

佐藤：段ボールケースではちょっと困ります。揚げ卸しの際によく破損しますから。

　李：それはまったく心配する必要はありません。最近の段ボールケースは衝撃や摩擦や圧力に耐えられるように設計してあります。それに、ケースは発泡スチロールを充填するので、より丈夫になります。

佐藤：そうですか。

　李：紙箱でしたら、重量も軽減され、コストの面からも運賃の節約になります。

佐藤：いいですね。いろいろありがとうございます。

　李：良いサービスをお客様に提供するようにと社長からも念を押されていますので。

佐藤：それはどうも。そして、ケースの上には「取り扱い注意」「天地無用」の表示をし、うちの会社の社名を忘れずに記してください。

　李：はい、承知いたしました。

佐藤：お願いします。

（二）咨询货物运输

中田：船積期日と出帆期日の通知がまだきていませんが、どういうわけでしょうか。

　李：申し訳ございません。輸出許可がまだおりておりませんので、おそらく期日通り荷渡しできないと思います。できるだけ早く出荷できるように努力いたします。

中田：積込み期日が決まり次第、お知らせください。お願いします。

（三）重要词汇和语法

1. キーワード

段ボール【ダンボール】③（名）	纸箱，纸盒
揚げ卸し【あげおろし】⓪（他サ）	拿起放下，装卸；忽褒忽贬
発泡スチロール【はっぽうスチロール】⑦（名）	泡沫苯乙烯，可用于保温容器、防护用材料
充填する【じゅうてんする】⓪（名・他サ）	填充，填补，填上
コスト【cost】①（名）	成本，生产费；价格
天地無用【てんちむよう】①（名）	请勿倒置，不可颠倒（箱子，贵重物品）
船積【ふなづみ】⓪（名）	装船
出帆【しゅっぱん】⓪（名）	开船，出港
輸出【ゆしゅつ】⓪（名・他サ）	输出，出口
荷渡し【にわたし】③（名・自サ）	交货
出荷【しゅっか】⓪（名・他サ）	发货，装载货物；上市，出货
積込み【つみこみ】⓪（名）	装货，装船

2. 文型と表現

① 念を押す。

以防出错，确认、强调时使用。此处可译为：叮嘱，嘱咐。

② おそらく期日通り荷渡しできないと思います。

"おそらく"多用于预测不好的结果时。此处可译为：恐怕不能按期交货。

③ できるだけ早く出荷できるように努力いたします。

"～ように努力する"表示为实现某个目的或达到某种状态而努力。此句可译为：我会尽力尽快发货。

练 习

練習Ⅰ——やってみましょう。

1. 日本語に訳してみてください。

(1) 请问有什么事?

(2) 已恭候多时。

(3) 请坐在这里稍等。

(4) 负责人马上就来，请稍等。

(5) 可以给我名片吗？

(6) 能请您简短说一下吗？

(7) 今天劳烦您来，非常感谢。

(8) 期待着能再见到您。

2. A、B からビジネス・シーンに相応しい日本語を選んでください。

(1) 不好意思，可以问一下您的名字吗？（　　　）

    A. 申し訳ございませんが、お名前をお伺いしてよろしいでしょうか。

    B. 恐れ入りますが、お名前をお伺いしてよろしいでしょうか。

(2) 我给您转接，请稍等。（　　　）

    A. お取次ぎいたしますので、少々お待ちくださいませ。

    B. 回りますので、少々お待ちくださいませ。

(3) 请坐在这里。（　　　）

    A. どうぞこちらに座ってください。

    B. どうぞこちらにおかけください。

(4) 还要去见下一个客户，我就先告辞了。（　　　）

    A. 次の得意先回りも残っておりますので、私はこれで失礼します。

    B. 次の得意先を見るので、私はこれで失礼します。

(5) 感谢您今天百忙之中抽出空来。（　　　）

    A. 本日は時間を抽出して、ありがとうございました。

    B. 本日はお忙しいところを、ありがとうございました。

(6) 请问有什么事？（　　　）

    A. どのようなご用件でしょうか。

    B. 何かありますか。

(7) 已恭候多时。（　　　）

    A. 待っていました。

    B. お待ちしておりました。

(8) 让您久等了，非常抱歉。（　　　）

A. 長い時間待って、どうも申し訳ありませんでした。

B. お待たせして、どうも申し訳ありませんでした。

(9) 感谢您今天抽出时间。（　　　）

A. 本日はお時間を割いていただきまして、ありがとうございました。

B. 本日はお時間を出していただきまして、ありがとうございました。

(10) 那么，等您的联系。（　　　）

A. では、ご連絡を期待しております。

B. では、ご連絡をお待ちしております。

3. 次の各問のうち、正しいものには〇を、間違っているものには×をつけましょう。

(1) お客様が見えたら、すぐに立ちます。

(2) 先導する時、お客様の歩調に合わせ、時々後ろを振り返りながら歩く。

(3) 先導する時、曲がり角では、「曲がってください」を言います。

(4) 部屋の前まで来たら、ドアをノックします。

(5) お客様がどこに座ってよいか迷わないよう、下座を勧めます。

(6) 入り口から最も遠い席が下座です。

(7) 案内する時、お客様の左側、斜め2〜3歩前に立ちます。

(8) アポありの場合、予約してある部屋へ案内する。

(9) アポなしの場合、取次ぐ相手に確認する。

(10) 来客と一緒に担当者を待ちます。

練習Ⅱ──覚えましょう。

1. 次のような場合には、以下のどのように言いますか。

(1) 名刺をもらいたいとき　→　お名刺を（　　　　　　　　　　）。

(2) 仕事が忙しいことを伝えるとき　→　仕事が（　　　　　　　　　）ので。

(3) 今日は都合が悪いとき　→　（　　　　　　　　）お越しいただけませんか。

(4) 来社を願ったとき　→　（　　　　　　　　）、申し訳ありませんでした。

(5) 用件を聞くとき　→　私がご用件を（　　　　　　　　）が、……

(6) 来客を待たせたとき　→　（　　　　　　　　）、申し訳ありませんでした。

2.（①～⑧）には下から適切なものを選んで、次の会話を完成させてください。

（用件/足労/恐縮/至急/多忙/相談/案内/呼び立て）

受付：部長、ただ今、木村様をご（　①　）いたしました。木村様、どうぞ。

木村：ありがとうございます。

部長：本日はわざわざご（　②　）いただき、どうも申し訳ございませんでした。さあさあ、どうぞこちらにおかけください。

木村：では、失礼します。

部長：ご（　③　）の中をお（　④　）いたしまして、（　⑤　）です。

木村：いいえ、こちらこそ。それで、お電話では、何か急なご（　⑥　）とのことでしたが、……

部長：はい、（　⑦　）木村様にご（　⑧　）したいことがございまして。

練習Ⅲ——挑戦しましょう。

次の条件によって、来客応対の会話を作ってください。

　Aさんは中日会社の営業部の担当者です。取引先のBさんが営業部長に用事があって来社しましたが、営業部長はまだ会議中です。

(1)BさんはAさんと挨拶して、来社の目的などを話してください。

(2)Aさんは応接室にBさんを案内し、応対してください。

知识拓展

1. 受付でのマナー

(1) お客様が見えたら、すぐに立つ。

(2) 笑顔で声をかけ、待たせずに応対する。

2. 案内するポイント

(1) 歩く時は、お客様の左側、斜め2～3歩前に立つ。

(2) お客様の歩調に合わせ、時々後ろを振り返りながら歩く。

(3) 階段では、お客様が手すり側を上がるようにする。

(4) 曲がり角では、「こちらでございます」の一言。

3. 上座を見極めるポイント

（1）応接セットがある場合は長いす。

（2）入り口から最も遠い席。

（3）社員の往来が少ない席。

（4）窓や良い景色が見える席。

第六课 | **招待**

在工作中基于"以成功洽谈或签约为目标，表达感谢或歉意，加深交流"等目的，会招待客户。在招待客户时，要注意表达得体，以及用餐礼节。

学习目标

(1) 了解招待宾客的流程，能够比较熟练地完成招待宾客的会话和相关工作。

(2) 通过介绍中华料理把中国文化的魅力传递出去，让宾客从美食中感受中国文化之美。通过推介地区代表性菜肴及特产，提高向海外传播地区特色文化的能力。

课前思考

(1) 招待の流れを簡単に紹介してみよう。

(2) 日本からのお客さんに中華料理を紹介するなら、何を紹介したいですか。

(3) お客を接待する時に便利な話題を挙げてみよう。

基础会话

（一）关于用餐的对话

1. 流程

フローチャート

食事する前の発話
⇩
食事中の雑談
⇩
食事が終わった後の発話

2. 典型表达

1)「食事する前の発話」の例

・食べながらお話ししましょう。（边吃边谈。）

・お口に合えば幸いです。（希望各位能喜欢。）

・第一級のシェフばかりが包丁を握っています。（掌勺的全部是特级厨师。）

・こちらは～になります。（这是～菜。）

※【中華料理のメニュー】

醤油煮の牛肉（酱牛肉）

ピーナッツの香り茹で（五香花生）

野菜の炒め物（素炒什锦）

スペアリブと昆布の煮込み（排骨炖海带）

魚のかんたん蒸し（清蒸鱼）

醤油煮の肉団子（红烧狮子头）

麻婆豆腐（麻婆豆腐）

トマトと玉子の炒め物（西红柿炒鸡蛋）

ちまき（粽子）

ジャージャー面（炸酱面）

ごまだれ冷面（麻酱凉面）

ねぎ入り花巻（葱花巻）

ゴマ団子（芝麻団子）

あんまん（豆沙包）

※【料理の作り方】

蒸す（蒸）

煮る／茹でる（卵を茹でる）（煮）

煮込む（炖、煨、煲、焖）

炒める（烧、炒）

揚げる（炸、爆）

焼く（煎、烤）

しゃぶしゃぶにする（涮）

燻製（熏）

揚げた材料にあめをからませる（拔丝）

※【料理を説明するポイント】

①名前（この料理の名前は何ですか。）

②食材（主な食材は何ですか。）

③味（味の特徴は何ですか。）

2)「食事中の雑談」の例

・どうぞご自由に取って召し上がってください。（请随便吃。）

・どうぞご遠慮なさらないで、たくさん召し上がってください。（请不要客气，多吃点。）

・これはこの地方の郷土料理でとても人気があります。（这是这里的地方菜，很受欢迎。）

・甘酸っぱくて、さっぱりしていますね。（酸甜爽口。）

・ピリ辛でとても美味しいです。（辣辣的很好吃。）

・すこし酢と醤油をつけて食べるとおいしいですよ。（蘸点醋和酱油吃会很好吃哦。）

・もう少しいかがですか。（再吃一点怎么样？）

・スープのお変わりはいかがですか。（再来一碗汤怎么样？）

3)「食事が終わった後の発話」の例

・お腹の方もそろそろご満足いただけたようですね。（各位好像已经吃得差

不多了。）

・今日はこのへんでお開きにしましょう。（今天宴会就此结束。）

・ご出席いただき、誠にありがとうございました。（谢谢各位的光临。）

3. 会話示例

1) 食事する前の発話

　さあ、皆さん、食べながらお話ししましょう。このレストランは有名な四川料理店で、第一級のシェフばかりが包丁を握っています。お口に合えば幸いです。どうぞお料理を召し上がってください。

2) 料理を説明する

　こちらは「海蠣煎」（カキやき）になります。地元も新鮮なカキのほか、サツマイモの粉、卵、ニンニクの葉などで作られています。表面はカリッと焼き上がり、中はジューシーで、アモイ特有のソースがかかっていて、独特の味が口の中に広がり、とてもおいしいです。

3) 食事が終わった後の発話

　皆さんどうやらお腹の方もそろそろご満足いただけたようですね。まだまだ話し足りないこともたくさんあると思いますが、これからまだ交流の機会はありますし、明日の朝も早いですから。では、今日はこのへんでお開きにしましょう。ご出席いただき、誠にありがとうございました。

（二）重点単词和语法

1. キーワード

シェフ【chef】① （名）	炊事员的领导，炊事班长，主厨
茹でる【ゆでる】② （他Ⅱ）	（用热水）煮，烫，焯
煮込む【にこむ】② （他Ⅰ）	炖，熬；煮熟，煮透
郷土料理【きょうどりょうり】④ （名）	地方菜；家乡菜；乡土风味
薄切り【うすぎり】⓪ （名）	切薄片，薄片
口当たり【くちあたり】⓪ （名）	口感，口味
味付け【あじつけ】⓪ （名・他サ）	调味，加佐料

2. 文型と表現

① ご遠慮なさらない。

　　"遠慮しない"的敬语，在介绍自己姓名时使用的自谦表达。可译为：您不要客气。

② お開きにしましょう。

　　"終わる"的意思。"お開き"是宴会等结束的时候，日本人为了避免说"结束"带来的不吉利的感觉，而使用的吉利的说法。可译为：我们散会吧。

进阶会话

（一）祝酒词

乾杯の音頭

　　最後に、僭越ではございますが、乾杯の音頭をとらせていただきます。皆さまとともに杯を挙げて、われわれの業務関係が一層進展することを願って、乾杯したいと思います。乾杯！

（二）介绍菜品

料理を紹介する

　周：どうぞたくさん召し上がってくださいね。

前田：ええ、遠慮なくいただいております。周さん、このスープのような肉料理、
　　　柔らかくておいしいですね。何という料理ですか。

　周：「回鍋肉」って言うんですよ。この店一番のおすすめの料理です。「回
　　　鍋」とは、一度調理した食材を再び鍋に戻して調理することです。

前田：そうですか。今日はおいしい四川料理が食べられて、うれしいです。でも、やっぱり辛いですね。

周：実は広州の四川料理は、本場の四川料理ほど辛くないんですよ。

前田：えっ、そうなんですか。

周：中国人でも、本場の四川料理は辛すぎます。だから、他の地域では、あまり辛くならないようにしているんですよ。特に広東人は辛い料理が苦手ですからね。

前田：へえ、これでも私にとっては、かなり辛いですけどね。

周：前田さん、ビールのおかわりはどうですか。

木下：はい、いただきます。今夜は、たくさん飲みましょうね。

（三）贈送礼物

手土産を渡す

西川：本日はお時間をいただき、ありがとうございます。

李明：いえいえ、本日はわざわざおいでいただきまして、ありがとうございます。これ、つまらないものでございますが、湖南省名物と言われている醴陵の赤磁杯と赤磁筆です。醴陵の陶磁器は二千年余の歴史があって、赤色の磁器が 2006 年に作られたものです。

西川：ああ、素晴らしいですね。こんな高価な贈り物をいただきまして、誠に恐縮ですが。

李明：お手土産だけで、ほんの気持ちですが、お受け取りください。

西川：じゃあ、遠慮なくいただきます。本日はありがとうございました。

李明：こちらこそ、ありがとうございました。

（四）重点词汇和语法

1. キーワード

来社【らいしゃ】⓪（名・自サ）	来公司
総務部【そうむぶ】③（名）	总务部，总务处
プレゼン【presentation】②⓪（名）	在会议等场合，提出或发表自己的规划、提案、意见等
音頭【おんど】①（名）	领唱；集体舞蹈；领头人，发起人
僭越【せんえつ】⓪（形动）	僭越，冒昧，放肆，不自量
隆昌【りゅうしょう】⓪（名）	兴隆，繁荣

2. 文型と表現

① 僭越ではございますが、乾杯の音頭をとらせていただきます。

"僭越"是客套话的自谦表达。"音頭"是指在宴席上带头举杯祝酒致辞。

可译为：很冒昧，祝酒词由我来说了。

② 本日はわざわざおいでいただきまして、ありがとうございます。

"おいでいただきまして"是"来てもらう"的自谦语。表示说话人感谢某人来自己的地方。可译为：谢谢您今天特意过来。

练 习

練習Ⅰ ——やってみましょう。

1. 日本語に訳してみてください。

(1) 边吃边谈。

(2) 这是清蒸鱼。

(3) 请随便吃。

(4) 再吃一点怎么样？

(5) 谢谢各位的光临。

2. A、Bからビジネス・シーンに相応しい日本語を選んでください。

（1）希望各位能喜欢。（　　　）

　　A. お口に合えばラッキーです。

B. お口に合えば幸いです。

(2) 掌勺的全部是特级厨师。（　　　）

A. 第一級のシェフばかりがスプーンを握っています。

B. 第一級のシェフばかりが包丁を握っています。

(3) 请不要客气，多吃点。（　　　）

A. どうぞご遠慮なさらないで、たくさん召し上がってください。

B. どうぞご遠慮しないで、たくさん召し上がってください。

(4) 酸甜爽口。（　　　）

A. 甘くて、酸っぱいで、さっぱりしていますね。

B. 甘酸っぱくて、さっぱりしていますね。

(5) 再来一碗汤怎么样？（　　　）

A. スープのお変わりはいかがですか。

B. スープのお注ぎはいかがですか。

(6) 今天宴会就此结束。（　　　）

A. 今日はこのへんでお開きにしましょう。

B. 今日はこのへんで終わりにしましょう。

練習Ⅱ──覚えましょう。

1. ①～⑥には下から適切なものを選び、A～Gにビジネス会話にふさわしい
   内容を書いて、会話を完成させてください。

【有意義　歓談　音頭　提携　気兼ねなく　僭越】

鈴木：皆様、今日は本当にようこそお越しくださいました。（　①　）ではあ
　　　りますが、私が乾杯の（　②　）をとらせていただきます。グラスをお
　　　持ちください。乾杯！

西川：（　A　）！

鈴木：ありがとうございます。それではご自由にご（　③　）ください。

西川：鈴木課長、今日は（　B　）いただきましてありがとうございます。

鈴木：いいえ、御社の皆様とこうやって（　④　）お話することができて、こ
　　　ちらも喜んでおります。まあ、どうぞ。

西川：これは、これは恐れ入ります。課長も（　C　）。

鈴木：（　D　）。

西川：それにしてもここの魚はおいしいですね。

鈴木：取ったばかりの新鮮な魚を出しているそうです。日本酒もあります
　　　が、（　E　）？

西川：嬉しいですね。（　F　）。

鈴木：今日は本当に（　⑤　）な商談でした。今後も御社との（　⑥　）を強め
　　　て行きたいと思っておりますので、（　G　）。

西川：こちらこそ、よろしくお願いします。

2. 次の各問のうち、正しいものには○を、間違っているものには×をつけま
　しょう。

(1) 会食の店は、高級料亭を選ばなければならない。

(2) 接待する側は、相手方と同格もしくは上格者で迎えるのが礼儀である。

(3) お酒に弱くとも、乾杯の時だけは口をつける。

(4) 接待の場では原則的に仕事の話はしない。

(5) 接待カラオケでは、最初に接待する側が歌って雰囲気を盛り上げる。

(6) 相手のグラスが空になる前に、「ほかの飲み物になさいますか」の一言
　　を言います。

(7) 相手がグラスに酒を残したまま置いていることは、「飲めない」という
　　サインです。

(8) 接待の翌日に、お客様にはお礼のメールか電話を必ず入れましょう。

練習Ⅲ──挑戦しましょう。

　ロールプレイをしてみよう。

　取引先の訪問団が来訪されました。あなたはＡ会社の営業部の部長で、訪
問団をお迎えし、歓迎の宴をご用意しました。

　歓迎会では、営業部の部長として、訪問団の皆様に歓迎の挨拶をしてくだ
さい。歓迎会のシーンを具体的に考え、ロールプレーの実践練習をしてみな
さい。

知识拓展

1. 接待の注意事項

(1) 親しい間柄であっても接待の席では必ず敬語を使う。

(2) 相手が主役であることを忘れない。

(3) 酔いつぶれて醜態をさらさないよう注意する。

(4) 締めのタイミングを測る。

(5) お礼の連絡を忘れない。

(6) 接待を嫌う人には無理強いしない。

2. 様式別の席次ルール

(1) 中華の席次。

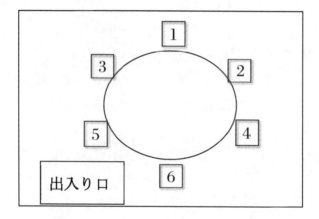

(2) 和食の席次。

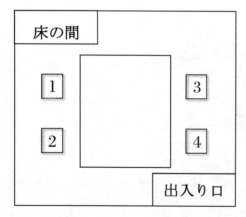 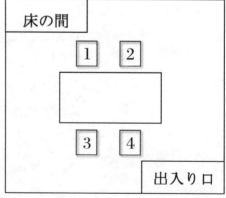

(3) 洋食の席次。

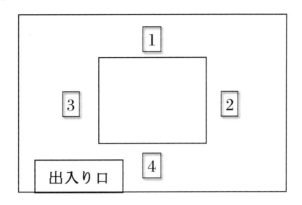

3. 中国八大料理

中国料理の流派	特徴	代表的な料理
四川料理	中国での一般的な呼称は「川菜」である。酸・辣・麻・苦・甜・香・鹹の７つの味のうち、特に痺れるような辛さを意味する「麻辣」（マーラー）を味の特徴とする中華料理として知られる	「麻婆豆腐」「担担麺」「回鍋肉」「魚香肉絲」「宮保鶏丁」など
山東料理	中国語では「山東菜」または「魯菜」と呼ばれる。味は香りがよくて塩辛く、歯ごたえはやわらかく、彩りが鮮やかでつくりは繊細なことである	「徳州扒鶏」「満漢全席」「木須肉」など
広東料理	「粤菜」とも称される。蒸し物が基本であるが、土鍋で煮る「煲」や、叉焼などのロースト「焼」、たれで煮る「炆」、くずれるほど煮込む「熬」などもある	「チャーシュー」「腸粉」「蝦餃」「海蠣煎」など
江蘇料理	中国語では「江蘇菜」「蘇菜」と呼ばれる。味は全体的に淡白で、旬の素材のうまみを生かすことを重んじる。また、各皿の盛り付けにあたり色や形の調和を重んじ、スープを用いて風味を増すことに重点を置く	「塩水鴨」「獅子頭」「揚州炒飯」「松鼠桂魚」など
浙江料理	中国語では「浙菜」「浙江菜」と呼ばれる。調理法はよく研究されており精緻で変化に富み、料理や盛り付けは鮮やかで、歯ごたえはやわらかく、味付けは塩味でさっぱりとしている	「龍井蝦仁」「西湖醋魚」「叫化童鶏」「東坡肉」など

（続き）

中国料理の流派	特徴	代表的な料理
福建料理	中国語では「福建菜」「閩菜」と呼ばれる。広義には台湾料理、海南料理などを含む。塩味は控えめで、淡白な味付けか、砂糖による甘い味付けのものが多い	「仏跳墙」「荔枝肉」「包心魚丸」「海蠣煎」など
湖南料理	「湖南菜」、または「湘菜」とも称される。辛い中国料理の代表格とされる。「爆炒」と呼ばれる強火で一気に食材に火を通す調理法が多用され素材にシャキシャキ感が残ること、油の使用量が多く色味が濃いことも特徴に挙げられる	「毛氏紅焼肉」「剁椒魚頭」「酸豆角肉泥」「辣椒炒肉」など
安徽料理	中国語では「安徽菜」「徽菜」と呼ばれる。味が濃く、比較的油を多く使い、とろみを付けてこってりした料理が代表的なものとして知られる	「火腿燉甲魚」「腌鮮鱖魚」「紅焼果子狸」など

4. 湖南省の特産品——醴陵磁器

醴陵は「三大磁都」の一つとして、中国の「国磁」と言われる「紅官窯」の所在地である。また、下絵付五彩の発祥地とされる。独特な自然条件と地理条件を備え、豊かな粘土資源があり、赤い陶磁器「赤磁」の重要な産地となっている。醴陵磁器作りには、土を掘って、干し、篩にかけ、成形し、乾燥させ、華飾・施釉し、本焼きした後に磨くといった工程がある。伝統工芸として、醴陵磁器は国内市場で売れ行きがよいだけでなく、アメリカ、ヨーロッパ、日本、中東、南米など150余りの国と地域に輸出されている。2007年に、2000年以上の歴史を誇る醴陵磁器は中国の地理的表示（GI）産品として登録されていた。

第七课 | 会议

在商务场合中，"会议"是不可或缺的，员工们常在会议上做报告，提出意见、想法和提案等。商务会议的最大主题就是制订销售战略，决定达成目标的方案。

学习目标

（1）熟悉会议进行的流程。能够比较熟练地完成会议主持工作和在会议上发表意见。

（2）能够在会议中得体地表达自己的观点，并且懂得在公开场合中尊重他人会使自己的意见更容易被对方接纳。

课前思考

（1）会議で、他人の意見を聞きたいなら、どのように言いますか。

（2）相手の意見を反対する場合、どんな表現を使いますか。

（3）ビジネス商談の中で、自分の意見を出す場合は、相手が納得できるように何か注意することがありますか。

基础会话

（一）召开会议

1. 流程

フローチャート

会議開始の挨拶
⇩
会議が始まると宣告する
⇩
議題を出す
⇩
皆の意見を聞く
⇩
会議のまとめ
⇩
会議終了の挨拶

2. 典型表达

1)「会議開始の挨拶」の例

・本日はお忙しい中、お集まりいただき、ありがとうございます。（感谢各位，今天在百忙之中参会。）

・お忙しいところ、ご出席いただき、ありがとうございます。（感谢各位百忙之中出席。）

2)「会議が始まると宣告する」の例

・では、これより会議を始めさせていただきます。（那么，现在开始开会。）

・それでは、会議を始めさせていただきたいと思います。（那么，请允许我开始会议。）

・時間になりましたので、始めさせていただきます。（时间到了，开始开会。）

・それでは、全員揃いましたので、ただ今より会議を始めたいと思います。（那么，大家都到齐了，我们现在开始开会。）

3)「議題を出す」の例

・今日の議題は製品の開発についてです。（今天的议题是关于产品的开发。）

・今日の議題は効率を上げることについてです。（今天的议题是关于提高效率。）

・本日の議事は2件でございます。まず1件目は湖南農産物の対日宣伝対策です。2件目は来年度の募集計画についてです。(今天的议事有两件。第一件是湖南农产品的对日宣传对策。第二件是关于明年的招募计划。)

4)「皆の意見を聞く」の例

・〜について、皆さんのご意見をお聞かせください。（关于〜，请让我听听大家的意见。）

・〜について、皆さんのご意見をお伺いしたいと思います。（关于〜，我想听听大家的意见。）

・皆さんの率直な意見をお聞かせてください。（请让我听听大家坦率的意见。）

・李さんはどのようにお考えですか。（李先生/女士是怎么想的？）

・鈴木さんはどうお考えですか。（铃木先生/女士是怎么想的？）

・王さんはいかがお考えでしょうか。（王先生/女士您是怎么想的？）

・時間がありませんので、ご意見は手短にお願いします。（因为时间不够，所以请简短地发表意见。）

・時間の関係もありますので、誠に恐縮ですが、手短にご発言をお願いいたします。（因为时间的关系，非常抱歉，请简短地发言。）

5)「会議のまとめ」の例

・本日決定したことを要約してみましょう。（我概括一下今天决定的事情。）

・これで一致した意見に達しましたね。われわれがすべきことは明らかです。（达成一致意见了。我们应该做的事情很明了。）

・それでは、部長に意見をまとめていただきます。（那么，请部长总结一下意见。）

・今日のところは結論が出ないようです。早急に次の会議を開かせなければなりません。（看来今天还不能得出结论。我们必须尽快召开下一次会议。）

6)「会議終了の挨拶」の例

・いろいろと素晴らしいご意見をいただき、誠にありがとうございます。本日の会議はこれで終わらせたいと思います。（非常感谢您提出这么多精彩的意见。今天的会议到此结束。）

・もし、異議がなければ、ここで会議を終わりにします。（如果没有异议，会议就到此结束。）

・それでは、今日の会議はこれで終了します。今後、会議の決定事項に従って進めていくということでお願いいたします。（那么，今天的会议到此结束。今后，请按照会议的决策实施。）

・本日の会議はこれで終了します。皆様、お忙しい中、ありがとうございました。（今天的会议到此结束。谢谢大家在百忙之中来参会。）

3. 会话示例

議事進行

司会者：

　本日はお忙しい中、お集まりいただき、ありがとうございます。では、これより会議を始めさせていただきます。今日の議題は製品の宣伝対策についてです。まず、先月の販売状況について、皆さんのご意見をお聞かせください。〈ディスカッションをさせる〉

　李さんはどのようにお考えですか。〈李さんに発言してもらう〉

　鈴木さんはどうお考えですか。時間がありませんので、ご意見は手短にお願いします。〈鈴木さんに発言してもらう〉

　いろいろと素晴らしいご意見をいただき、誠にありがとうございます。本日決定したことを要約してみましょう。〈会議で決定したことをまとめる〉

　本日の会議はこれで終了します。皆様、お忙しい中、ありがとうございました。

（二）发表意见

1. 流程

フローチャート

自分の意見を言う（基本の表現）
⇩
提案する
⇩
意見を同意する／意見を反対する

2. 典型表达

1) 「自分の意見を言う・基本の表現」の例

・私はA案でいいと思います。（我觉得A方案可以。）

・日にちを変更したほうがいいんじゃないかと思います。（我觉得更改日期比较好。）

・佐藤さんには電話で知らせたほうがいいような気がします。（我觉得还是打电话通知佐藤先生/女士比较好。）

・私の結論は皆さんがもっと頑張る必要があるということです。（我的结论是大家需要更加努力。）

・その件については、もう少し考えさせてください。（关于那件事，请让我再考虑一下。）

・では、来週の月曜日はいかがですか。（那么，下周一怎么样？）

・もう一度A社に相談してみたらどうでしょうか。（再和A公司商量一下怎么样？）

2) 「提案する」の例

・もう一度相談してみるというのはどうでしょうか。（再商量一下怎么样？）

・では、来週の火曜日はいかがですか。（那么下周二怎么样？）

・次回の会議は来週の月曜日の午後にしたらどうでしょうか。（下次会议定

在下周一下午怎么样？）

3) 「意見を同意する」の例

・Aプランに賛成です。（我赞成A计划。）

・Aプランについて、異存はありません。（关于A计划，我没有异议。）

・李さんのおっしゃる通りだと思います。（正如小李所说。）

・李さんと同じ考えです。（我和小李的想法一样。）

・そう思います。（我也是这么想的。）

4) 「意見を反対する」の例

・おっしゃることはよくわかりますが……（您说的我非常理解，但是……）

・おっしゃることはごもっともですが……（您说得很有道理，但是……）

・田中さんのご意見も分かりますが……（田中先生的意见我也理解，但是……）

・残念ながら、ご意見には賛成しかねます……（很遗憾，我不能同意您的意见。）

・申し訳ありませんが、賛成できません……（对不起，我不能同意。）

3. 会話示例

1) 自分の意見を言う

田中：木村さん、このページのレイアウトなんですが、写真をもう少し下に下げたほうがいいような気がしますが。

木村：そうですかね。李さんはどう思いますか。

李：そうですね。写真がちょっと目立ち過ぎているかもしれませんね。私ももう少し下げたほうがいいんじゃないかと思いますが。

田中：なるほど。じゃあ、そうしましょう。

2) 意見を同意する

王：日本は湖南省の農産物の主要輸出国だから、9月の東京での国際見本市に、我々も参加してみようと思うんですが。

李：そうですね。私も王さんと同じ考えです。

田中：私もそう思います。

3) 意見を反対する

李：今回もう少し発注量を増やしたらいいと思うんですが。

小野：おっしゃることはごもっともですが、初めてですので、もう少し様子
を見てみてはどうでしょうか。

（三）**重点单词和语法**

1. **キーワード**

議題【ぎだい】⓪（名）	议题，讨论题目
率直【そっちょく】⓪（名・形动）	直率，直爽，坦率
要約【ようやく】⓪（名・他サ）	要点；摘要；概要；概括；归纳
早急【さっきゅう】⓪（形动）	紧急，尽快，火速，赶忙地
異議【いぎ】①（名）	异议，反对意见
異存【いぞん】⓪（名）	异议，反对意见
レイアウト【layout】③（名）	版面设计，版面排版；配置，设计，布局
生産拠点【せいさんきょてん】⑤（名）	生产基地
視察【しさつ】⓪（名・他サ）	视察，考察
見本市【みほんいち】②（名）	商品展览会，商品交易会

2. **文型と表現**

① ご意見には賛成しかねます。

"动词ます形＋かねる"表示这么做有困难或不可能。可译为：我不能同意
您的意见。

② おっしゃることはごもっともです。

"おっしゃる"是"言う"的敬语。"ごもっとも"表示接受对方的言行或
者承认对方说得有道理。可译为：您说得有道理。

进阶会话

（一）发表意见

意見を述べる

吉田：消費者のニーズにつきまして、グローバルな視点から何か意見はありますか。

李：よろしいですか。

吉田：はい、李さん、どうぞ。

李：今回提携するABC会社は、日本での市場シェアが高く、日本の消費者のニーズに応じて開発した製品が多いと思います。中国に進出することを考えるなら、中国のマーケット文化や、消費者のニーズを理解することも大事だと思いますが。

吉田：そうですね。相手国の顧客のニーズを的確に捉えることで、消費者の購買意欲と満足度の増加にもつながりますね。李さん、至急マーケティング部門と協力して調査を行い、中国輸出入商品交易会の情報も調べて、次回の部門会議で報告してください。

李：はい、わかりました。

（二）商讨货物的包装

貨物の包装を検討する

田中：この商品はどのように包装しますか。

王：今回の商品は壊れやすい部分があり、安全性のことを考えて、もっと丈夫な木箱にしたほうがいいと思いますが。

田中：でも、木箱の場合は運賃も多少上がりますし、包装のコストもだいぶかさみます。今回は貨物の量も多いですし……

王：ダンボール箱はどうでしょうか。この商品にしては、十分丈夫だと思いますが。

李：私もそう思います。ダンボール箱のほうがもっときれいに見えます。

田中：それでは、丈夫そうなダンボール箱にしましょう。この商品は一台を一箱に包装してください。

王：分かりました。

田中：また、包装箱に「壊れやすい」と明記すべきです。

王：問題ありません。これは包装慣例です。

（三）重点单词和语法

1. キーワード

グローバル【global】② （形動）	全球的，全世界规模的，地球上的
提携【ていけい】⓪ （名・自他サ）	协作，合作；互相帮助，同心协力干事业等
市場シェア【しじょう share】④ （名）	市场份额
的確【てきかく】⓪ （形動）	正确，准确，恰当
購買意欲【こうばいいよく】⑤ （名）	购买欲望
マーケティング【marketing】③ （名）	市场学，销售学
明記する【めいきする】① （名・他サ）	写明，记明，标明，清楚记载

2. 文型と表現

① 今回提携する ABC 会社は、日本での市場シェアが高く、日本の消費者のニーズに応じて開発した製品が多いと思います。

　"提携する"是"合作"的意思，"市場シェア"是"市场占有率"的意思。可译为：我不能同意您的意见。这次合作的 ABC 公司在日本的市场占有率很高，根据日本消费者的需求开发的产品很多。

② 中国に進出することを考えるなら、中国のマーケット文化や、消費者のニーズを理解することも大事だと思いますが。

　"進出する"指进入新的领域发展。可译为：如果考虑在中国发展的话，理解中国的市场文化和消费者的需求很重要。

练 习

練習I──やってみましょう。

1. 日本語に訳してみてください。

(1) 感谢各位百忙之中出席。

(2) 现在开始开会。

(3) 我想听听大家的意见。

(4) 请简短地发表意见。

(5) 关于 A 计划，我没有异议。

(6) 很遗憾，我不能同意您的意见。

2. A、B からビジネス・シーンに相応しい日本語を選んでください。

(1) 那么，请允许我开始会议。 （　　）

　　A. それでは、会議を始めると思います。

　　B. それでは、会議を始めさせていただきたいと思います。

(2) 非常感谢您提出这么多精彩的意见。 （　　）

　　A. いろいろと素晴らしいご意見を出して、誠にありがとうございます。

　　B. いろいろと素晴らしいご意見をいただき、誠にありがとうございます。

(3) 今天的会议到此结束。 （　　）

　　A. 本日の会議はこれで終了します。

　　B. 本日の会議は今まで終了します。

(4) 关于那件事，请让我再考虑一下。 （　　）

　　A. その件については、もう少し考えてください。

　　B. その件については、もう少し考えさせてください。

(5) 正如小李所说。 （　　）

　　A. 李さんの言い通りだと思います。

　　B. 李さんのおっしゃる通りだと思います。

練習Ⅱ──覚えましょう。

1. （　　）に入る言葉として最もよいものを、A、B、C、D から一つ選びなさい。

(1) 計画を立ててきちんと（　　　）を踏むことが大事だ。

　　A. 手数

　　B. 手順

　　C. 手続

　　D. 手際

(2) 遅れて会議室に入るのは（　　　）。

　　A. きまりわるい

B. ばからしい

C. ふさわしい

D. なやましい

(3) メールで送られてきた商品の発注書を（　　　）した。

A. 確認

B. 認定

C. 確信

D. 認知

(4) 資金不足のため、プロジェクトの進行が（　　　）している。

A. 駐在

B. 滞在

C. 停止

D. 中止

(5) 結論の出ない非効率な会議にはもう（　　　）した。

A. うっかり

B. ぼんやり

C. うんざり

D. めっきり

2. ①～⑥には下から適切なものを選んで、会話を完成させてください。

【ご提案　ニーズ　結果　お考え　確かに　ご意見】

A：それでは、今回の消費者の（　①　）調査について、皆さんの（　②　）をお伺いしたいと思います。

B：調査の（　③　）から見て、使いやすさを第一に考えなければならないと思いますが、価格についても考えたほうがいいんじゃないかと思います。

A：ただ今のBさんの（　④　）についていかが（　⑤　）でしょうか。

C：（　⑥　）価格について考えておくことは大切ですね。

3. ①～⑧に適切な内容を書いて、会話を完成させてください。

　本日はお忙しい中、お集まりいただき、（　①　）。では、これより会議を（　②　）。今日の議題は歳末商戦の宣伝対策についてです。まず、皆さ

んのご意見を（　③　）。

　李さんは（　④　）か。＜李さんに発言してもらう＞

　鈴木さんは（　⑤　）か。＜鈴木さんに発言してもらう＞

　いろいろと素晴らしいご意見を（　⑥　）、誠にありがとうございます。本日決定したことを（　⑦　）てみましょう。＜会議で決定したことをまとめる＞

　本日の会議はこれで（　⑧　）。皆様、お忙しい中、ありがとうございました。

練習Ⅲ——挑戦しましょう。

ロールプレイをしてみよう。

(1) 近年、テント、ポータブル電源などのアウトドア用品のニーズが高くなりました。あなたは開発部の担当者です。新しい製品開発についての会議において、上司に新製品開発のアイディア（アウトドア用品）を提案してください。その理由も詳しく述べなさい。

(2) A会社との価格交渉についての会議において、さまざまな意見交換が行われました。あなたはB会社の購買部の担当者です。A会社に、商品の仕入れ価格を現行価格の8％下げてもらうように頼んでください。コストダウンが必要な理由も詳しく述べなさい。

知识拓展

1. 意見を述べるポイント

　ビジネス商談の中で、自分の意見を出す場合は、相手が納得できるように次のコツをマスターする必要がある。

(1)柔軟な態度。

　交渉の駆け引きでは、押したり引いたりした臨機応変、柔軟な姿勢を保つ。

(2)傾聴。

　相手の主張は、まずよく聞いて理解する。

(3)キーワードに注意。

　「安心です」「信頼できます」「健全です」「利益につながります」は交

渉を成功に導く言葉である。逆に、「心配です」「難しいです」「責任があります」は交渉を失敗に導く言葉である。

(4)論理的な説明。

　感情的にならないように、具体的なデータ数字を使って論理的に話を進める。

　このように、相手に意見をする時には、謙虚な態度で、事実や具体的なデータを挙げながら詳しく説明すれば、相手も多少納得できよう。相手が反論すれば、相づちを打ちながら、最後まで聞いてあげて、それから冷静に対処すればいいである。

2. 中国輸出入商品交易会（広交会）概況

　中国輸出入商品交易会は、広交会とも呼ばれ、1957年春に設立され、毎年春秋2季に広州で開催されている。広交会は商務部と広東省人民政府が共同で主催し、中国対外貿易センターが引き受け、現在の中国では、歴史が最も長く、規模が最も大きく、商品が最もそろっており、購入業者が最も多く、出所が最も広く、成約効果が最もよく、信用が最も優れている総合的な国際貿易盛会である。

　広交会は中国の対外開放の窓口、縮図、標識であり、国際貿易協力の重要なプラットフォームである。創設以来、広交会は途切れることなく、中国と世界各国の各地域との貿易交流と友好往来を力強く促進している。

第八课 | 商务谈判

商务谈判中，最重要的是与客户建立长期的合作关系。在商业交易中，谈判的目的不是比拼输赢，而是针对目标，提出各自的意见和要求，让双方都能接受并达成协议。

学习目标

(1) 能够比较熟练地完成商品说明、价格谈判等基本对话。

(2) 通过推介地方特产，提高向海外传播地方特色产品和特色文化的能力。

(3) 认识到在商务谈判过程中应诚信为本、以礼待人，有理有据、以理服人。认识到国际商务中不同文化背景和习俗的人聚集在一起，在谈判之前，应当努力理解对方的习惯和办事方法，尽力做到多元包容、以和为贵。

课前思考

(1) 商談する時に注意するポイントを挙げてみよう。

(2) 商談決裂時、相手に何を言いますか。

(3) 故郷の名産品を日本市場に売り込むなら、あなたは何を売りたいですか。

基础会话

（一）商谈的方法

1. 流程

フローチャート

> 用件を切り出す
> ⇩
> 用件を述べる
> ⇩
> 要請する

2. 典型表达

1) 「用件を切り出す」の例

・早速ですが、結論から先に申し上げます。(先从结论说起。)

・結論から先に述べさせていただきますと、……(我先从结论说起……)

・先日お電話で少しお話しした件ですが、ご説明させていただきたいと思います。(我说明一下关于前几天电话中跟您说的事情。)

・既にご存じのこととは存じますが、……(我想您已经知道了……)

2) 「用件を述べる」の例

・こちらの製品はデザインが特に優れています。デザインのどんな点が優れているかといいますと……(我们的产品设计特别好。要说设计的哪些方面比较优秀的话……)

・双方から案を持ち寄って練り合わせをするということにいたしませんか。（双方提出方案进行协商好吗？）

・……に関しましては少しわかりづらいかと思いますので、もう少し詳しくご説明いたします。(关于……我觉得可能有点难以理解，所以我再详细说明一下。)

・ご理解いただけましたでしょうか。(您理解了吗？)

・このような案でいかがでしょうか。(这样的方案怎么样？)

3) 「要請する」の例

・そこを何とかお願いできないでしょうか。（能不能请你想想办法？）

・もう少しお安くしていただけませんか。（能再便宜点吗？）

・ご検討いただけないでしょうか。(您能考虑一下吗？)

・ご検討の程よろしくお願いいたします。(请您考虑一下。)

・無理を承知の上で、そこを何とかお願いいたします。（我知道有些勉强，但还是请您想想办法。）

・当方の事情もお察しください。（也请体谅我方的情况。）

・できれば、5日までにご返答願いたいんですが。(如果可以的话，请在5日之前答复。)

3. 会话示例

李：中湘会社の李と申します。どうぞよろしくお願いします。

木村：木村と申します。こちらこそ、どうぞよろしくお願いします。どうぞおかけください。

李：では、早速ですが、お電話で少しお話しした件について、ご説明させていただきたいと思います。

木村：はい、よろしくお願いします。

李：当社は湘繡製品の販売を行っております。湘繡は中国の四大刺繡の一つで、2千年以上の歴史を持ちます。主に中国画をモチーフにしており、色彩が鮮やかで、生き生きと描かれています。それは湖南省の特産、中国の伝統的文化芸術品で、国際博覧会の大賞を何度も獲得し、世界各地でよく売れています。これは商品の値段付きカタログと見本です。

木村：本当にきれいで、素晴らしいですね。しかも種類も多いですね。

李：そうですね。貴社は大手百貨店で、弊社の製品であれば、そちらで有望な販路が得られると確信しております。

木村：とても素敵な商品だと思います。上と相談して、また後日、こちらからご連絡を差し上げるということでよろしいですか。

李：はい、ご検討の程よろしくお願いいたします。

木村：はい。

李：本日は貴重な時間をいただきまして、誠にありがとうございました。

　　それでは、ご連絡をお待ちしております。失礼いたします。

木村：またご連絡いたします。失礼いたします。

（二）商议价格

1. 流程

フローチャート

金額提示
⇩
返事を保留する

2. 典型表达

1)「金額提示」の例

・先日お話しした価格の件につきまして、いかがかと思いまして。（我想问一下前几天说的价格的事情怎么样了。）

・このくらいでいかがでしょうか。（这样怎么样？）

・大量注文をした場合は安くなりますか。(大量订购的话会便宜些吗？)

・100ケース以上ご注文いただければ、5％の値引きをいたします。（如果订购100箱以上的话，可以降价5％。）

・5％の値引きなら問題ないですが、10％はちょっと難しいです。（5％的折扣没有问题，10％有点难。）

・この線でお願いしたいのですが、いかがでしょうか。（我想按这个价位实行，您觉得怎么样？）

・御社としてはどのぐらいの線をお考えでしょうか。（贵公司考虑的价格是多少？）

・ご予算はどれくらいですか。おいくらくらいまでなら、ご検討いただけますか。（您的预算是多少？多少钱可以考虑？）

2)「返事を保留する」の例

・この件に関しては、少し検討させてください。（关于这件事，请让我们研

究一下。）

・この件に関しては、もう少しお時間をいただけないでしょうか。（关于这件事，能不能再给我点时间？）

・上の者に相談の上、ご返事させていただきます。（和上级商量后再给您答复。）

・上の者にも相談の上、再度検討いたします。（在与上级商量的基础上，我们会再次讨论的。）

・上の者と再度検討してみますので、もう少しお時間をいただけないでしょうか。（我和上级再研究一下，能再给我一点时间吗？）

3. 会话示例

木村：早速ですが、湘繍の価格の件について、もう少しお安くしていただけませんか。

李：そうですか。あのう、御社としてはどのぐらいの線をお考えでしょうか。

木村：そうですね。本音を言うと、15%下げていただければ。

李：15%ですか。それはなかなか難しいですね。

木村：御社とは長い付き合いですし、そこを何とかお願いしますよ。

李：それでは、もう少しお時間をいただけないでしょうか。私の一存では決めかねますので、上の者に相談の上、ご返事させていただきます。

木村：はい。お願いします。

李：では、そういうことでよろしくお願いします。

（三）谈判中的拒绝

1. 流程

フローチャート

柔らかく断る
⇩
はっきり断る
⇩
商談決裂時の別れ際の言葉

2. 典型表达

1) 「柔らかく断る」の例

・検討しては見ますが、……（我会研究一下的。）

・困りましたね。少し考えさせてください。(真为难啊。让我考虑一下。)

・私個人の一存では何ともなりませんので、上司と相談してからでないと。
（我个人决定不了，必须和上司商量之后再做决定。）

・この件に関しては、また次回にということで。（关于这件事，下次再说。）

・結構なお話だとは思いますが、現状ではちょっと……（我觉得是很好的事情，但是现状有点困难。）

・残念ではございますが、今回はご縁がなかったということで。（很遗憾，这次无缘合作。）

2) 「はっきり断る」の例

・ご希望には添いかねます。（难以满足您的要求。）

・今回はご希望には添いかねます。申し訳ございません。（很抱歉这次难以满足您的要求。）

・ご無理をおっしゃらないでください。（请不要勉强。）

・これではお受けいたしかねます。（这样的话难以接受。）

・残念ですが、今回は見送りということにさせてください。（很遗憾，这次就算了吧。）

・今回の件に関しては見送らせてください。（关于这次的事请就搁置吧。）

3) 「商談決裂時の別れ際の言葉」の例

・今回のことはともかく、次の機会にはぜひよろしくお願いします。（这次的事情暂且不谈，下次有机会请多关照。）

・今回につきましては、ご無理を申し上げて、誠に申し訳ございませんでした。（这次提出过高要求，非常抱歉。）

・これに懲りずに今後ともよろしくお願いいたします。（不要太在意，今后也请多关照。）

・ご希望に添えなくて申し訳ございません。（很抱歉没能符合贵公司的要求。）

3. 会話示例

田中：先日お話しした商品の価格ですが、このくらいでいかがでしょうか。

　王：この額では、ちょっと……もう少しお安くしていただけませんか。

田中：そう言われましても、なかなか難しいですね。これ以下では採算割れ
　　　になってしまいます。

　王：そこを何とかお願いいたします。

田中：申し訳ございませんが、この線は当社としてもお譲りするわけにはま
　　　いりません。

　王：そうですか。残念ですが、この条件では当社としてはお受けできない
　　　ので、今回は見送りということにさせてください。

田中：そうですね。ご希望に添えなくて申し訳ございません。今回のことは
　　　ともかく、次の機会にはぜひよろしくお願いします。

（四）重点単词和语法

1. キーワード

練り合わせる【ねりあわせる】◎⑤（他Ⅱ）	使之融合，熬炼
察する【さっする】◎③（他サ）	想象，推测，判断，察觉；体谅，谅察
返答【へんとう】③◎（名）	回答，回话
湘繍【しょうしゅう】◎（名）	湘绣
モチーフ【motif】②（名）	契机，动机，中心思想；花纹、图案等的最小构成单位；音乐的最小构成单位
大手【おおて】◎①（名）	前门，正门；大户头，大企业，大公司
販路【はんろ】①（名）	销路
値引き【ねびき】◎（名・他サ）	降价，减价
一存【いちぞん】◎（名）	自己个人的意见
採算割れ【さいさんわれ】◎（名）	打破成本，亏本

2. 文型と表現

① こちらの製品はデザインが特に優れています。デザインのどんな点が優れ
　　ているかといいますと……

抓住一个特点，先用简短的语言说明设计上的特点。本句可译为：我们的产品设计特别好。要说设计的哪些方面比较优秀的话……

例：多くのお客様からも品質がよいとご好評いただいております。品質のどんな点が優れているかといいますと……

② どのぐらいの線をお考えでしょうか。

这里的"線"是价格的意思。此句询问对方对价格的态度。可译为：您考虑的价格是多少?

③ 私の一存では決めかねます。

"一存"是指个人想法，"決めかねる"，难以决定的意思。此句用于委婉拒绝对方的要求，或者为商谈争取考虑的时间。可译为：凭我个人意见不能决定 / 我作不了主。

进阶会话

（一）被对方指出价格过高的对应

价格が高いと言われた場合

顧客：それは思ったより高いなあ。新製品はそんなに高いんだ。

李：はい、確かに新製品ですから、多少お値段はご予算をオーバーするかもしれませんが、これだけの高性能ということを考えますと……

顧客：もう少し価格を下げてくれれば、検討できるんだけれどなあ。

李：はい、確かにご予算をお持ちだと思います。ご予算の中でそれに見合った製品を選ぶか、ご予算を多少オーバーしても、高性能の製品をお選びいただくか、ご検討下さい。一度購入すると長く使える製品ですので……

顧客：どんなに良い製品でも、うちには高すぎて手が出ないよ。

李：ご予算はどれくらいですか。おいくらくらいまでなら、ご検討いただけますか。別のもう少しお安い製品もございますが。

（二）商讨降价

値下げの商談

山田：卸値の値下げの件、何とかお願いできないでしょうか。

張：ご事情はお察ししますが、私の一存では決めかねますので。

山田：ご無理は承知の上で、そこを何とかお願いします。

張：そういわれましても、私の立場もご考慮いただいて。

山田：さようですか。

張：申し訳ございません。この件につきましては、もう少しお時間をください。本社に持ち帰り検討させていただきますので。

（三）重点単词和词汇

1. キーワード

オーバー【over】①（名・形动・他サ）	超过，超出；夸张，夸大；结束
見合う【みあう】②（自他Ⅰ）	平衡，均衡，相称，相抵；互相对看
卸値【おろしね】③⓪（名）	批发价

2. 文型と表現

① ご予算の中でそれに見合った製品を選ぶか、ご予算を多少オーバーしても、高性能の製品をお選びいただくか、ご検討下さい。

被对方还价时，一味强调价格不高并不能说服对方，而是要引导对方从整体的角度考虑品牌优势，此时可以采用上面的说法。这句话可译为：请考虑是在预算中选择与之相符的产品，还是选择虽然超出预算但是具备高性能的产品。

② ご事情はお察ししますが。

"察する"意为体谅、同情对方的境况。可译为：我了解您的情况。

练习

練習Ⅰ——やってみましょう。

1. 日本語に訳してみてください。

(1) 我先从结论说起……

(2) 您理解了吗？

(3) 能再便宜点吗？

(4) 如果可以的话，请在 5 日之前回答。

(5) 如果订购 500 箱以上的话，可以降价 8%。

(6) 大量订购的话会便宜些吗?

(7) 和上级商量后再给您答复。

(8) 这次的事情暂且不谈，下次有机会请多关照。

2. A、B からビジネスに相応しい日本語を選んでください。

(1) 我想您已经知道了…… (   )

　　A. 既にご存じのこととは存じますが、……

　　B. まだご存じのこととは存じますが、……

(2) 这样的方案怎么样? (   )

　　A. この案でどうかなあ。

　　B. このような案でいかがでしょうか。

(3) 关于这件事，请让我们研究一下。(   )

　　A. この件に関しては、少し検討させてください。

　　B. この件に関しては、少し研究させてください。

(4) 我想按这个价位实行，您觉得怎么样? (   )

　　A. この線でお願いしたいのですが、いかがでしょうか。

　　B. この点でお願いしたいのですが、いかがでしょうか。

(5) 难以满足您的要求。(   )

　　A. ご希望には添いかねません。

　　B. ご希望には添いかねます。

(6) 很遗憾，这次就算了吧。(   )

　　A. 残念ですが、今回は送りということにさせてください。

　　B. 残念ですが、今回は見送りということにさせてください。

練習Ⅱ——覚えましょう。

1. 下から適当なものを選んで、会話を完成させてください。

　　　　A. お願い　B. 拝見　C. ご存知　D. 一存　E. おつきあい

　　　　　F. この度　G. ご検討　H. お時間　I. 貴社

　山田：すでに（ ① ）のこととは存じますが、（ ② ）当社が開発いたし
　　　　ましたテレビゲームにつきまして、ぜひともその販売を（ ③ ）に
　　　　お願いできないかと思いまして、……

取引先：こちらこそ、ヤマト電子会社さんとは長い（④）でございますので、ぜひそうさせていただけたらと望んでおりました。

山田：ありがとうございます。実は当社の基本的なご提案を文書にしてまいりましたので、（⑤）いただけないでしょうか。

取引先：（⑥）いたします。ただ、私の（⑦）では決めかねますので、二、三日（⑧）をいただけないでしょうか。

山田：はい、けっこうです。よろしく（⑨）いたします。

2.（　）に適当な語句を入れて、会話を完成させてください。

西川：（①）が、本題に（②）ていただきます。

取引先：はい。

西川：先日ご提案いたしました共同プロジェクトの件、いかが相成りましたでしょうか。

取引先：はい、重要なご提案でしたので、社内でも検討いたしましたが、役員一同大変乗り気でして、ぜひご一緒にとの結論に達しました。出資条件も五分五分の条件ということで、当社としても異存は（③）。

西川：ありがとうございます。では、次回からは双方から案を持ち寄って、具体的な企画案のすり合わせを行うということで（④）でしょうか。

取引先：はい、それで（⑤）。上司にもそのように報告いたします。

練習Ⅲ——挑戦しましょう。

　　地元の伝統的な芸術品や、お土産などについて日本語紹介文を作って、勉強した「モデル会話」に基づき、その芸術品や、お土産などを売り込む会話文を作ってください。

知识拓展

1. 交渉で注意するポイント

（1）誠意を込めて、礼儀正しく行う。

（2）要求する根拠、及び自社の事情を懇切に説明する。

（3）交渉相手への配慮を忘れない。

（4）決して強制的な表現をしない。

2. 湘繍（しょうしゅう）

湘繍（しょうしゅう）は中国の四大刺繍のひとつとしてあげられる。湖南省長沙市を中心に発展してきた工芸品で二千年以上の歴史があるといわれている。前漢の細かな刺繍を施した布の実物が多数出土しており、現在の湘繍のルーツと見られる。同じく四大刺繍に数えられる江蘇省の蘇繍と広東省の粤繍の優れたところを取り入れ、絵画と書が一体となった芸術品である。1作品に200種近くの色を用いることもあり、色鮮やかさと繊細さが特色である流派といえる。2006年に湘繍は中国最初の「国家級非物質文化遺産」として正式登録された。

第九课 | **商务演示**

　　商务活动中演示的核心在于，在有限的时间内有效地打动和说服听众。为了实现这一目标，演示者需要换位思考，从听众的角度出发来制定演示策略。演示者通过逻辑清晰、条理分明的表达，将自己的观点、建议或解决方案传达给听众，从而引导他们做出决策并付诸行动。

学习目标

（1）能够掌握如何进行商务发表演示，并且掌握可以有效地打动对方的表达方式。培养学生的日语表达能力、实践能力和团队合作能力。

（2）通过推介地方特产，提高向海外传播地方特色产品和特色文化的能力。

课前思考

（1）室外でプレゼンテーションを行うことができますか。

（2）プレゼンを通して何ができますか。

（3）これからプレゼンテーションをするなら、何を準備しますか。

基础会话

（一）演示

1. 流程

フローチャート

導入
⇩
本題
⇩
クロージング

2. 典型表达

1) 「導入」の例

・私はABC会社の田中と申します。どうぞよろしくお願いいたします。（我是ABC公司的田中。请多关照。）

・おはようございます。営業部の李と申します。どうぞよろしくお願いいたします。（早上好。我是营业部的小李。请多关照。）

・早速ですが、当社が新しく開発いたしましたニューシステムをご紹介させていただきます。（我将介绍我们公司新开发的系统。）

・本日は当社新製品についてプレゼンテーションをさせていただきます。（今天我就本公司的新产品进行演示说明。）

・それでは、展覧会について、ご提案したいと思います。（那么，我想就展览会提出建议。）

・お話する時間はおよそ10分でございます。なお、ご質問は発表終了後にお願いいたします。（大约讲10分钟。另外，有疑问请在发表结束后提出。）

・時間は約20分を予定しております。ご質問は発表の後にお受けします。（预计时间约为20分钟。将在发表后接受您的提问。）

2) 「本題」の例

・初めに全体の特徴、次に個々の機能、そして最後に購入メリットについてお話いたします。（首先说一下整体的特征，接下来是各个功能，最后说一下

购买的好处。）

・まず、開発の背景、次にユーザーへの対応策、そして最後に収益性について説明させていただきます。（首先，让我来说明一下开发的背景，接下来是对用户的应对策略，最后是收益性。）

・こちらのグラフをご覧ください。このグラフからおわかりのように、収益率が大幅に下がっております。（请看这边的图表。从这个图表可以看出，收益率大幅下降。）

・では、こちらのスクリーンをご覧ください。この写真からおわかりのように、色の違いがはっきりしております。（那么请看这边的屏幕。从这张照片可以看出，颜色明显不同。）

・次に、こちらの統計をご覧ください。この統計からおわかりのように、両者は同時に下がっております。（接下来，请看这边的统计。从这个统计可以看出，两者同时下降。）

・そこで、マネジメント機能の強化をご提案したいと思います。（因此，我想建议加强管理功能。）

・この製品の特長は３つあります。１つはデザインが優れている点、もう１つは使いやすい点、３つ目は、価格が安い点です。まずデザインからご説明させていただきます。（这个产品有三个特点。一是设计优良；二是好用；三是价格便宜。首先我从设计开始说明。）

・こちらの製品の価格は、従来の製品のわずか３分の１という安さです。その理由は2つあります。１つ目は、設計をゼロからやり直したことで、２つ目は、ランニングコストは下がったことです。（我们的产品价格仅为传统产品的三分之一。理由有两个，一是从零开始重新设计。二是运行成本下降了。）

3）「クロージング」の例

・これまでお話してきました内容を要約いたしますと……（总结一下之前说的内容……）

・これまでお話してきました内容をまとめますと……（总结一下之前说过的内容……）

・これまでお話してきました内容を一言で申し上げますと……（我用一句话概括之前说过的内容……）

・それでは、これより質疑応答に移らせていただきます。（那么，接下来就

　　進入問答環節。）

・ご質問がございましたら、どうぞよろしくお願いいたします。（如果有疑問的话，欢迎大家提出。）

・ほかに質問はございませんか。（还有其他问题吗？）

・以上を持ちましてプレゼンテーションを終了させていただきます。どうもありがとうございました。（演示到此结束。非常感谢。）

・以上を持ちまして終わらせていただきたいと思います。本日はお時間を割いていただき、ありがとうございました。（说明会到此结束。感谢大家在百忙之中拨冗出席。）

3. 会話示例

1) 導入に関する話

　　私はABC会社の張と申します。どうぞよろしくお願いいたします。本日は当社の開発しましたニュー・システム・キッチンについてプレゼンテーションをさせていただきます。お話する時間は約20分でございます。なお、ご質問はプレゼンテーションが終わってから、お願いいたします。

2) 本題に関する話

　　初めに開発のコンセプト、次に従来の製品との比較、そして最後に販売体制についてお話いたします。ここで、Aのグラフをご覧ください。このグラフからおわかりのように、今年の売り上げは前年と比べて2割増となっております。

3) クロージングに関する話

　　これまでお話してきました内容を要約いたしますと、コストの削減が可能で、地球環境保全にも貢献できます。それでは、これより質疑応答に移らせていただきます。ご質問がございましたら、どうぞよろしくお願いいたします。……ほかに質問はございませんか。ないようでしたら、以上を持ちまして終わらせていただきたいと思います。本日はお時間を割いていただき、ありがとうございました。

（二）重要词汇和语法

1. キーワード

プレゼンテーション【presentation】⑤（名）	演示，发表
ユーザー【user】①（名）	用户，客户
グラフ【graph】①（名）	图表，图解；画报，照片
スクリーン【screen】③（名）	屏风；屏幕，银幕
マネジメント【management】②（名）	经营，管理
従来【じゅうらい】①（副）	从来，一直以来，以前；直到现在
ランニングコスト【running cost】⑥（名）	运行成本
質疑【しつぎ】②①（名・自サ）	质疑，提出疑问，提问

2. 文型と表現

① このグラフからお分かりのように、……

  对于展示的图片、表格、照片等，一定要有相应的说明。可译为：从这个图表可以看出……

② この製品の特長は3つあります。1つはデザインが優れている点；もう1つは使いやすい点；3つ目は、価格が安い点です。

  在说明商品、产品的特征时，举出数字进行说明会给人留下深刻的印象。可译为：这个产品有三个特点。一是设计优良；二是好用；三是价格便宜。

③これより質疑応答に移らせていただきます。

  "移る"在这里表示进入下一个环节。可译为：接下来就进入问答环节。

进阶会话

（一）演示示例

プレゼンテーションの事例

  おはようございます。本日は、中華レストラン「華香園」の事業計画内容についてご説明させていただきます。よろしくお願い致します。

  まず、簡単に自己紹介をさせていただきます。初めまして、李明と申します。私は専門学校卒業後、有名な中華料理店で5年間シェフとして働きました。1年前に日本に来て、現在はレストランの開業準備をしております。日本

には多くの中華料理店がありますが、これらのレストランでは麻婆豆腐や揚州チャーハンなどの定番料理が中心です。その他、胡麻団子や杏仁豆腐などのデザートも多く見られますが、実は、中国料理には八大料理系統があり、それぞれ特色があるから、ぜひ日本のお客さんにももっと特色のある中華料理を食べさせたいと思いました。

この事業計画では「本場中国の味で楽しいひと時を」をコンセプトにし、「日本のお客さんにもっとたくさんのおいしい中華料理を食べさせたい」「本場で学んだ中華料理の店を開店したい」と考えております。当店の特徴は3つあります。1つ目はよく見かける中国料理のほか、湖南料理、広西料理、雲南料理など多くの地域の代表的な料理を味わうことができる点です。2つ目は季節によって中国南北地域の様々なお菓子を味わうことができる点です。3つ目は、ウーロン茶や紹興酒のほか、中国の緑茶、紅茶、黒茶、白茶、白酒、ワイン、薬酒などを味わうことができる点です。他店とは違って、定番の中華料理だけではなく、様々な地域の特色料理も味わうことができるから、現在、このような店は日本では注目されやすいと思います。

次に、こちらをご覧ください。こちらが店舗のイメージです。

＜店舗のイメージ図、メニューを出して、料理を試食してもらうなど＞

現在、3箇所の候補物件がございまして、6月までに資金調達をし、賃貸契約を結び、店舗の改装にとりかかります。11月オープンの予定です。

＜売上、経費、利益の分配、課題とそれに対する自分なりの解決策などを説明する＞

もし弊社にご融資いただければ、様々な本場の中華料理を味わいながら、ゆっくり過ごせる楽しい空間が実現できますので、前向きにご検討いただければと思います。

どうぞよろしくお願い致します。

（二）重点词汇和语法

1. キーワード

イメージ図【imageず】②（名）	映像図，図像
物件【ぶっけん】⓪（名）	物件，物品；土地、建築等不动产

（続き）

資金調達【しきんちょうたつ】④（名）	资金募集
賃貸【ちんたい】⓪（名·他サ）	出租，出赁
売上【うりあげ】⓪（名）	交易金额，营业额，销售额
経費　【けいひ】①（名）	经费；开销；开支，费用
融資　【ゆうし】①⓪（名·自サ）	融资，贷款

2. 文型と表現

① 現在 3 箇所の候補物件があります。6 月までに資金調達をし、賃貸契約を結び、店舗の改装にとりかかります。

"候補物件"多指被选中的店面、不动产等。"資金調達"指的是资金调配。可译为：现在有 3 处候选店面。6 月之前筹措资金、签订租赁合同、着手店铺的改装。

② ご融資、よろしくお願いいたします。

"融資"，通融资金，即贷款。可译为：希望您能融资。

練　習

練習 I ——やってみましょう。

1. 日本語に訳してみてください。

(1) 我将介绍我们公司新开发的产品。

(2) 我想就国际展览会提出建议。

(3) 有问题请在演示结束后提出。

(4) 请看这边的图表。

(5) 演示到此结束。

2. A、B からビジネス・シーンに相応しい日本語を選んでください。

（1）请随时自由提问。（　　　）

　　A. ご質問はいつも自由にどうぞ。

　　B. ご質問はいつでもご自由にどうぞ。

（2）从这个图表可以看出，收益率大幅下降。（　　　）

　　A. このグラフからおわかりのように、収益率が大幅に下がっております。

　　B. このグラフからわかるよね、収益率が大幅に下がっております。

(3) 请看这边的屏幕。（　　　）

　　A. こちらのプロジェクターをご覧ください。

　　B. こちらのスクリーンをご覧ください。

(4) 总结一下之前说的内容……（　　　）

　　A. これまでお話してきました内容を要約いたしますと……

　　B. これまでおしゃべってきました内容を要約いたしますと……

(5) 接下来进入提问环节。（　　　）

　　A. これより質疑応答に回らせていただきます。

　　B. これより質疑応答に移らせていただきます。

練習Ⅱ——覚えましょう。

1. 次の文を読んで、最も相応しいものを、A、B、C、Dから一つ選びなさい。

(1) 「時間」「目的」「（　　　）」の3点は、テーマを決める時だけではなく、プレゼン全体を通じて最も忘れてはいけない。

　　A. 素材

　　B. 内容

　　C. 聞き手

　　D. 効果

(2) プレゼンテーション終了後に、あなたは相手からどのように言われることを期待しますか。（　　　）

　　A. 本当にすばらしいプレゼンテーションでした。

　　B. 説明内容が本当によく理解できました。

　　C. 提案内容がよかったですね。

　　D. 発表者はユーモアですね。

(3) あなたは今日、新製品を紹介する大事なプレゼンテーションをします。あなたは説明する前に、どんな印象を与えるべきでしょうか。（　　　）

　　A. すごくユニークで、面白い内容を聞くのが楽しみだという印象。

　　B. すごくできそうで、説明を聞くのが楽しみだという印象。

C. 見た感じでは、まったく期待できないという印象。

D. ちゃんと説明ができるかどうか、少し心配な感じがする印象。

2. （　）に適当な語句を入れて、プレゼンテーションに関する内容を完成
してください。

　私は（　①　）と申します。どうぞよろしくお願いいたします。本日
は（　②　）についてプレゼンテーションをさせていただきます。お話する
時間は（　③　）でございます。なお、ご質問は（　④　）。

　初めに（　⑤　）、次に（　⑥　）、そして（　⑦　）、最後に（　⑧　）
についてお話いたします。

　ここで、（　⑨　）をご覧ください。この（　⑩　）からお分かりのよう
に、（　⑪　）。

　これまでお話してきました内容を要約いたしますと（　⑫　）。

　質問がございましたら、どうぞ。〈質問を答える〉

　以上を持ちまして終わらせていただきたいと思います。本日はお時間を割
いていただき、ありがとうございました。

練習Ⅲ——挑戦しましょう。

1. ここ数年は、中国国産品のトレンド「国潮」ブームにともなって、「BYD」
新エネルギー自動車をはじめ、「HUAWEI」など多くの国産商品が人気を集
めるようになりました。あなたはある「国潮」ブランドのマーケティング
部門の担当者です。国際展覧会でPowerPointを用いてこの国産ブランド
の物語・歴史・製品・中国伝統文化との繋がりなどを日本人のお客様に紹
介し、プレゼンテーションしてみなさい。

2. あなたは、（　　　　）をオープンしようと思います。
　融資を得るため、ビジネスプランのプレゼンテーションをすることになり
ました。構成を考えてみましょう。

例：私は、京都で中華料理店をオープンしようと思います。融資を得るため、
　　ビジネスプランのプレゼンテーションをします。

知识拓展

1. プレゼンテーションを行う目的

(1) 理解：伝えた情報に対して、頭でわかってもらう。

(2) 納得：理解した内容が腑に落ちて「その通りだなぁ」と思ってもらう。

(3) 行動：理解・納得してもらい、その結果として聞き手の行動にまでつながる。

2. プレゼンテーションの準備

(1) テーマを考える

①時間：発表時間を確認してから、その時間内に話せるテーマを選ぶ。

②目的：何のためにプレゼンを行うのか。商品を買ってもらうためなのか。新規事業を立ち上げるためなのか。研究費や補助金を獲得するためなのか。

例1：商品を買ってもらいたいのなら、その商品の強み（いいところ）がテーマになる。

例2：新規事業を立ち上げるのなら、その事業が会社にどんな利益をもたらすのか、会社がどんな風に変わるのかがテーマになる。

③聞き手：プレゼンを聞く人は、どんな人だろうか。男性が多いのか。女性が多いのか。プレゼンする内容の専門家なのか。プレゼンする内容に詳しくない人なのか。

例：あなたが大学の先生で、研究内容を発表するプレゼンがあるなら、「専門家が集まる学会」と「高校生が集まる学校説明会」ではテーマを変える必要がある。

(2) 素材を集める（調査・分析）

プレゼンに使う素材、写真、図、アンケート結果、本や新聞の記事などである。

3. 湖南省のお茶

安化黒茶

安化黒茶（あんかくろちゃ）は六大茶類の一つで、湖南省益陽市安化県で生産されている。1984年頃から黒茶の生産を本格化させ、現在では黒茶の生

産量をリードする位置にある。安化黒茶の起源は唐・宋の時代にまで遡ることができ、製造の過程で、長時間の渥堆発酵があり、茶葉の色は黒褐色あるいは黒色に変わるので、「黒茶」と呼ばれている。お湯を注ぐと、赤みを帯びた透明感のある色の茶になり、茶かすは黒褐色になる。味は甘く優しい滋味にあふれ、とてもおいしい。主な種類として、「三尖四磚千兩茶」という言い方がある。「三尖」は安化黒茶の中での上級品であり、「四磚」は茯磚茶、黒磚茶、花磚茶、青磚茶を指し、いわゆる「四大磚茶」であり、最後は「千兩茶」である。2010 年に、「安化黒茶」は中国の地理的表示（GI）産品として登録されていた。

苺茶

　苺茶（ばいちゃ）は湖南省張家界市の武陵山脈に生育し、藤のつるから採れたもので、藤茶とも呼ばれる。第四紀氷河を乗り越えて生き残った非常に貴重な植物である。新芽のフラボン含有量が高いため、「フラボンの王」と讃えられている。その他、アセトン、17 種のアミノ酸、14 種の人間の必要な微量元素を含み、高い薬用価値を持っている。喉をすっきりさせ、肝臓を守るなど様々な効能がある。苺茶の主要生産地である張家界市永定区は「中国の苺茶の里」と呼ばれている。近年、張家界市は苺茶産業のモデル転換を推進し続け、小さな茶葉を大きな産業に変え、湖南省の茶の香りを世界へと広めた。

第十课 | **直播话术**

　　在当前的数字营销时代，直播已成为一种重要的营销手段，不但吸引了大量观众，而且为品牌带来了显著的商业价值。直播话术，即直播过程中主播所使用的语言及表达技巧。直播话术在增强观众互动、明确传递信息、塑造品牌形象、提高转化率以及应对突发情况等方面都具有重要的作用。因此，对于希望通过直播实现商业目标的企业和个人来说，掌握直播话术技巧至关重要。

学习目标

(1) 熟悉直播销售商品的流程。能够清晰、生动地传达信息，及时回应观众的反馈，增强与观众的互动和沟通。

(2) 能够在直播中注意言行举止，避免出现不雅、粗俗的语言或行为，保持良好的形象和风度；遵守相关法律法规和直播平台的规定，不传播违法、违规内容，确保直播内容的合法性和安全性。

课前思考

(1) あなたはライブショッピングで買い物をしたことがありますか。何を買いましたか。

(2) ライブショッピングの流れが分かりますか。

(3) ライブショッピングを行う前に、何を準備しますか。

基础会话

1. 流程

フローチャート

オープニング
⇩
製品説明
⇩
注文を促す
⇩
クロージング

2. 典型表达

1) 「オープニング」の例

①通用开场

· こんにちは、〇〇〇ライブルーム、始まりました。ご来場いただき、ありがとうございます。（大家好，〇〇〇直播间已经开始了。感谢大家进入直播间。）

· 今日はお会いできてとても嬉しいです。初めての方、ようこそいらっしゃいました。（今日能见到大家非常高兴。尤其是首次来直播间的朋友们，欢迎你们。）

· 皆さん、こんばんは。今夜も〇〇〇ライブルームにお集まりいただき、ありがとうございます。〇〇〇スタッフの〇〇〇です。よろしくお願いいたします。（晚上好。感谢大家今晚聚集在〇〇〇直播间。我是〇〇〇的员工〇〇〇。请多多关照。）

· 〇〇〇のライブへようこそ。まず自己紹介をさせていただきます。〇〇〇です。ライブに来てくださって本当に嬉しいです。フォローと画面をタップするのを忘れないでくださいね。応援とフォローありがとうございます。（欢迎大家来到〇〇〇的直播。首先请允许我进行自我介绍，我是〇〇〇。非常高兴你们能来我们的直播间。请不要忘记关注并点赞哦。感谢您的支持和关注。）

②名称开场

・〇〇さん、ようこそ！気に入ったものがあれば、ぜひお知らせください。すぐにお見せいたします。（〇〇先生／女士，欢迎你！如果您喜欢什么，请告诉我。我会立即为您展示。）

・コメントいっぱい！〇〇さん、〇〇さん、ありがとうございます。（好多评论啊！〇〇先生、〇〇女士，非常感谢）

・ゴールデンウィークセール、始まりましたね。〇〇さん、〇〇さん、〇〇さん、早速のコメントありがとうございます。（黄金周特卖活动开始了呢。〇〇先生、〇〇女士、〇〇先生，等等，非常感谢大家的评论。）

③话题开场

・早速、私たちの着用しているＴシャツをご紹介したいと思います。（我想要介绍我们穿的Ｔ恤衫。）

・ついに始まりました。今日は、皆さんにお届けしたい商品をたくさんご用意しております。（直播终于开始了。今天呢，我们为大家准备了很多想要分享的商品。）

・まず、画面右下のボタンをタップすると、商品を一覧で見ることができます。画面左側に、紹介中の商品が表示されますので、そちらからも商品の詳細がご覧いただけます。（首先，点击屏幕右下角的按钮，您可以查看商品列表。在屏幕左侧，显示正在介绍的商品，您也可以从那里查看商品详情。）

④互动留人

・こんにちは。今日は今だけのスペシャルセール、なんと50％以上オフになるとてもお得な価格です！このチャンスをお見逃しなく！（大家好。今天的折扣超过50%，价格非常优惠！限时特卖促销，不要错过这个机会！）

・今日も、誠実な態度で皆さんに特典を用意しております。ライブ配信ルームでの初回注文は10％オフ、2回目の注文は25％オフです。（今天，我们诚意满满地向大家提供优惠。在直播间里，首次下单可享受10%折扣，第二次下单可享受25%折扣。）

・ライブ配信ですので、皆様からのコメントも随時チェックしております。ハートマークでの応援をたくさんお待ちしております。（因为这是直播，所以我们会随时查看大家的评论。期待大家通过小红心点赞给予支持。）

2) 「製品説明」の例

- ポロシャツを紹介しましょう。僕は今、コットンのポロシャツを着用しています。身長は175cmで、これはオンライン限定の3XLサイズです。今回、僕は春夏らしいイエローカラーをチョイスしてみました。いかがですか。（要介绍一下这件Polo衫吗？我现在穿的就是棉质Polo衫。我身高175厘米，穿着线上渠道限定的3XL尺码。这次我选择了具有春夏风格的黄色。大家觉得怎么样呢？）

- 着用しているワンピースをご紹介したいと思います。今日のワンピースはこのような感じでございます。皆さん、いかがですか。鮮やかな水色のワンピースを着ています。素敵な生地で作られたシンプルなワンピースなんですよ。ゆとりもありますので、旅行にピッタリです。（我想介绍一下我身上穿的这件连衣裙。今天的连衣裙是这种感觉的，大家觉得怎么样呢？我穿的这件是鲜艳的水蓝色，它是用优质面料制成的简约连衣裙。版型有些宽松，非常适合旅行。）

- 今日はちょっとね、こちらのスマホケースを紹介したいんですけども、みなさん、どんなスマホケースをお使いですか。皆さんには単なるスマホのカバーとしてだけではなく、自分らしさを表現できるファッションの一部としてこだわって選んでいただきたい。そう思って今回私が厳選したものがこちらです。（今天想稍微介绍一下这款手机壳。大家平时都在用什么样的手机壳呢？手机壳不仅仅可以保护手机，也是可以表现个人风格的时尚配件，因此我特意挑选了这款。）

3) 「注文を促す」の例

- 本日の配信では視聴者プレゼントもございます。商品五つ全て購入するとプレゼントにご応募できますので最後までお見逃しなく！（今天的直播间观众也有礼物。等我们五件商品全部展示完后，大家即可参加礼物赠送活动，请一定要观看到最后，不要错过。）

- 次はショルダーバッグを紹介しましょう。ショルダーバッグも安いんですよ。こちらは三色展開で、3日間だけの特別価格1990円です。（接下来我们介绍一下挎包。这款挎包也很便宜哦。有三种颜色可选，特别优惠价格为1990日元，仅限三天。）

- こちらは通常価格4900円のところ、1000円引きの3900円でご用意しており

ます。これから1時間限定のお買い得商品ですよ。仕事用でも、旅行用でもいいです。めっちゃ便利で私も使っています。（原价4900日元的商品，现在卖3900日元，便宜了1000日元。仅限接下来的一个小时。确实非常便宜。不论是用于工作还是旅行，都非常方便，我也在使用它。）

- ○○○の予約受付は7月5日終了予定です。数量限定販売のため、なくなり次第販売終了となります。皆さんお早めにお買い求めください。（○○○的预购将在7月5日结束。由于是限量销售，一旦达到库存上限，销售将终止。请大家务必留意。）

- 1枚3000円のポロシャツは通常2点で6000円ですが、今からの3時間、2点で5000円になります！3点目以降は1点あたり2500円になります。皆さん、この機会をぜひお見逃しなく。（接下来的3小时内，购买2件3000日元的Polo衫，原价6000日元现在只需5000日元！购买3件及以上的Polo衫，每件只需2500日元。请大家好好把握这个优惠。）

- 7月1日から7月3日までの3日間、10000円以上お買い上げのお客様に保冷収納付きのメッシュトートバッグを1点プレゼントいたします！（从7月1日到7月3日，购物满10000日元以上的顾客将获赠一个网状手提袋！）

4) 「クロージング」の例

①感谢

- ライブルームにお集まりいただき、ありがとうございました。そして、たくさんのご注文やコメント、本当にありがとうございます。（感谢大家留在我们的直播间。同时，非常感谢大家的订单和评论。）

- 皆さん、最後まで、ご視聴ありがとうございました。ライブ配信は終了いたしました。（感谢各位一直观看到最后。本次直播结束了。）

- 今日は、予定の時間より少し過ぎてしまって、申し訳ございませんでした。本当に毎回毎回見てくださる方がいろんなコメントをくれてうれしいです。本当に励みになっています。ありがとうございました。（今天，我们的直播时间稍微超出了预定时间，真是抱歉。每次都有这么多观众观看并给我们留言，我们感到非常高兴。这对我们也是很大的鼓励。谢谢大家。）

- 皆さん、○○○ライブをシェアしていただき、ありがとうございます。（直播间的各位，感谢大家分享我们的○○○直播。）

②求关注

· 気になった商品がございましたら、6月15日から24日までの広州交易会ライブ配信期間中にお気軽にお問い合わせください。（如果有感兴趣的商品，请在6月15日至24日的广交会直播期间随时联系我们。）

· 商品の特徴はすべてお伝えしたつもりですが、いかがでしたか？気になる商品がございましたら、画面のQRコードをスキャンして、お問い合わせください。（介绍完所有特点后，您喜欢这款产品吗？如果喜欢的话，请扫描屏幕上的二维码联系我们。）

· 見逃された方は、是非アーカイブ配信をご覧ください。本日中に公開予定です。（错过直播的观众，请一定要观看存档回放。回放预计将在今天公开发布。）

③预告

· じゃあ、また！これからの新商品もぜひご覧ください。ありがとうございました。（大家再见！请务必关注我们接下来的新商品。非常感谢！）

· ○○○ライブは4月29日「ゴールデンウィークの第2弾、今だけのお買い得」を配信予定です。皆さん、お買い物をお楽しみください。（○○○直播预定在4月29日进行，"黄金周第二弹，限时特惠"。到时候请大家尽情享受购物乐趣吧。）

· ゴールデンウィークセールは5月6日までです。後は２回の配信があります。次回の配信は、4月29日、来週の月曜日です。（黄金周的促销到5月6日结束。之后还有2次直播，下次直播是在4月29日，也就是下周一。）

3. 会话示例

1) オープニング

みなさん、聞こえますか。聞こえていたら、コメントで答えてください！○○のライブへようこそ。まず自己紹介をさせていただきます。○○です。よろしくお願いいたします。

ただ1分間で、コメントがこんなにいっぱい！すごい！○○さん、○○さん、ありがとうございます。皆様からのコメントも随時チェックしております。そして、ハートマークでの応援をたくさんお待ちしております。ありがとうございます。

初めての方、ライブに来てくださって本当に嬉しいです。画面右下のボタンをタップすると、商品を一覧で見ることができます。画面左側に、紹介中の商品が表示されますので、そちらからも商品の詳細がご覧いただけます。

今日は、皆さんにお届けしたい商品をたくさんご用意しております。では、お買い物をお楽しみください。

2) 製品説明

これから今私が着用しているワンピースをご紹介したいと思います。今日のワンピースはこのような感じでございます。皆さん、いかがですか。私は身長165cmで、オンライン限定のLサイズを着用しております。ベージュ、黄色、水色の3色ございます。お好みに合わせて選んでくださいね。素敵な生地で作られたシンプルなワンピースなんですよ。着心地がすごく柔らかいです。ゆとりもありますので、旅行にピッタリです。非常にお勧めでございます。

3) 注文を促す

次は予約販売のショルダーバッグをご紹介します。通常価格3900円のところ、1000円引きの2900円でご用意しております。こちらは間違いなくお買い得の商品です。予約受付は11月12日で終了予定です。数量限定販売のため、なくなり次第、販売終了となりますので、皆さん、ぜひお早めにお買い求めください。こちらは仕事用としても、旅行用としても大変使い勝手の良い商品です。是非この機会に高品質のショルダーバッグを超激安の2900円で手に入れてみてはいかがでしょうか。

4) クロージング

皆さん、最後まで、ご視聴いただき、ありがとうございました。

今日は、予定の時間より少し過ぎてしまって、申し訳ございませんでした。本当に毎回毎回見てくださる方がいろんなコメントをくれてうれしいです。本当に励みになっています。ありがとうございました。

見逃された方は、是非アーカイブ配信をご覧ください。本日中に公開予定です。

　　そして、今日は大変拙い紹介で申し訳ございませんでした。今回の説明で
わかりにくかった点は、公式アカウントをフォローしてお問い合わせくださ
い。

　　では、お時間になりました。次回は海の日のライブですね。皆さん、次回
のライブもよろしくお願いいたします。バイバイ！

重要词汇和语法

1. キーワード

ライブルーム【live room】④（名）	直播室，现场室，现场活动室
タップする【tap】⓪①（动）	轻敲，点触，轻点
コメント【comment】⓪①（名・サ変）	评语，解说，注释说明
着用する【ちゃくようする】⓪（动）	穿
特典【とくてん】⓪（名）	优惠，益处
ハートマーク【heart mark】①（名）	心形标记
ポロシャツ【polo shirt】⓪（名）	（开领短袖式）衬衫
オンライン限定 ③（名）	网上限定，仅限线上
チョイス【choice】①（名・サ変）	选择
単なる【たんなる】①（连体词）	仅仅，只是
ウェブサイト【website】③（名）	网络站点，网站
QRコード【QR Code】③（名）	二维码
スキャン【scan】②（名・他动・サ変）	扫描；扫掠；扫视；搜索
お買い得【おかいどく】⓪（名）	便宜，合算
視聴者【しちょうしゃ】②（名）	收看者；观众
ショルダーバッグ【shoulder bag】⑤（名）	挎包
在庫数【ざいこすう】⓪（名）	库存
オンラインストア【online store】⑦（名）	网店
抽選する【ちゅうせん】⓪（名・自动・サ変）	抽签，拈阄儿，抓阄儿
アイテム【item】①（名）	条款，项目；（电脑中磁带所收录的）一份数据；必需品

2. 文型と表現

① ご来場いただき、ありがとうございます。

"ご来場いただき"由于"来場"这个动作是对方做的，将该动词转换成敬语形式，表示对对方的尊重。可译为：感谢您的光临。

お／ご＋動詞「ます」形（サ変，去掉する）＋いただく，是抬高实施动作的人的表达方式。使用这样的表达方式，表示说话人从动作实施者那里得到好处。

② このチャンスをお見逃しなく。

見逃す（みのがす）的意思是错过。可译为：不要错过这次机会。

「お／ご～なく」＝「～ないでください」，属于礼貌语，类似表达还有「ご心配なく」「ご遠慮なく」「お構いなく」「お気遣いなく」。

③ 10000円以上お買い上げのお客様に保冷収納付きのメッシュトートバッグを1点プレゼントしております！

"買い上げる"的意思是买、收购、征购。"お買い上げ"表示对购买者的敬意。可译为：购买10000日元以上的顾客赠送1件带有保冷收纳的网眼手提袋。

④ お気軽にお問い合わせください。

二类形容词"気軽"的意思是随便，轻松，前接"お"，表示尊敬，再后续"に"，表示"不必客气"的意思，这是鼓励对方采取某种行为时常用的铺垫性表达方式。可译为：请随时垂询。

練 習

練習 I ——やってみましょう。

1. 次の文を日本語に訳してみてください。

(1) 欢迎大家来到 ABC 的直播。

(2) 请不要忘记关注并点赞。

(3) 点击屏幕右下角的按钮，您可以查看商品列表。

(4) 如果有任何疑问或想了解的内容，请在评论中告诉我。

(5) 如果您感兴趣的话，请访问屏幕上的网站查看。

(6) 本次直播结束了。

(7) 请扫描屏幕上的二维码联系我们。

(8) 黄金周的促销到5月6日结束。

2. A、B からビジネス・シーンに相応しい日本語を選んでください。

(1) 感谢大家今晚聚集在Q直播间。（　　　）

 A. 今夜もQライブドームにお集まりいただき、ありがとうございます。

 B. 今夜もQライブルームにお集まりいただき、ありがとうございます。

(2) 如果您喜欢什么，请告诉我。（　　　）

 A. 気に入ったものがあれば、ぜひお知らせください。

 B. 気の入ったものがあれば、ぜひお知らせください。

(3) 今天的折扣超过50%，价格非常优惠。（　　　）

 A. 今日は50%以上オフ、とてもお得な価格です。

 B. 今日は50%以上オフ、とてもお利な価格です。

(4) 我想介绍一下我身上穿的这件连衣裙。（　　　）

 A. 着用しているワンピースをご紹介していきたいと思います。

 B. 着用しているワンピースをご紹介させたいと思います。

(5) 请在广交会直播期间随时联系我们。（　　　）

 A. 広州交易会ライブ送信期間中にお気軽にお問い合わせください。

 B. 広州交易会ライブ配信期間中にお気軽にお問い合わせください。

練習Ⅱ——覚えましょう。

1. （　　　）に入る言葉として最もよいものを、A、B、C、D から一つ選びなさい。

(1) 画面越しですが、皆様にお会いできること、（　　　）思います。

 A. うれしい

 B. うれしに

 C. うれしく

 D. うれしと

(2) （　　　）は1990年以来、30代向けの化粧品を専門に製造しているメーカーです。よろしくお願いします。

 A. 本社

 B. 当社

C. 御社

D. 総社

(3) 製品が素晴らしいのはもちろんですが、デザインも（　　　）ています。

A. 洗練

B. 洗練し

C. 洗練され

D. 洗練させ

(4) まずは、全体の（　　）を簡単にご紹介します。

A. メッセージ

B. イメージ

C. ダメージ

D. ソーセージ

(5) 製造コストを大幅に（　　）でき、他社よりも低価格で高品質の商品を提供することができるのです。

A. 増加

B. 激増

C. 激減

D. 削減

2. **下の内容を正しい順番に並んでください。**

（　　）(1)皆さん、次回のライブもよろしくお願いいたします。

（　　）(2)数量限定販売のため、なくなり次第販売終了となります。皆さんお早めにお買い求めください。

（　　）(3)今日は、最新のアイテムをご紹介したいと思います。皆さん、ご覧ください。

（　　）(4)今日は、皆さんにお届けしたい商品をたくさんご用意しております。では、お買い物をお楽しみください。

3. **①〜⑥には下から適切なものを選んで、会話を完成させてください。**

A. 配信　　B. 予定　　C. 説明　　D. ライブ　　E. 視聴　　F. 励み

皆さん、最後まで、ご（　①　）ありがとうございました。

今日は、（　②　）の時間より少し過ぎてしまって、申し訳ございませんでした。本当に毎回毎回見てくださる方がいろんなコメントをくれてうれしいです。本当に（　③　）になっています。ありがとうございました。

見逃された方は、是非アーカイブ（　④　）をご覧ください。本日中に公開予定です。

そして、今日は大変拙いご紹介で申し訳ございませんでした。今回の（　⑤　）でわかりにくかった点は、公式アカウントをフォローしてお問い合わせください。

では、お時間になりました。皆さん、次回の（　⑥　）もよろしくお願いいたします。

練習Ⅲ——挑戦しましょう。

ロールプレイをしてみよう。

あなたはライブルームのスタッフとして、クラスメートを消費者とみなし、新品の〇〇〇を紹介し、消費者の購入意欲を高めましょう。

知識拓展

世界のEC市場について

EC（Electronic Commerce）とは、インターネット上でモノやサービスを売買するビジネスを指す。EC市場とは、このECの取引を行う市場全体のことを指す言葉である。

ゴールドマン・サックスの研究部門のグローバル株式戦略チームが発表した研究報告書によると、世界のEC売上高は2023年に3兆6000億ドル（1ドルは約160.0円）に達しており、2024年は前年比8％増の3兆9000億ドルに達すると予想される。

小売全体で売上が伸びたこと、ECの浸透率がECシェアの持続的拡大にともなって上昇したことを踏まえ、同研究部門は「グローバルEC売上高の2023年から2028年までの複合年間成長率は7％になり、2028年の売上高は5兆ドルに達する」と予測する。

中国と米国は世界で最も規模の大きなEC市場であり、2028年末にはグロー

バルECの成長の3分の2を担うとみられる。中国は今や浸透率の非常に高いオンライン小売市場であり、同研究部門の予測では、2024年の中国のオンライン小売浸透率は前年比120ベーシスポイント上昇し、EC売上高は同8％増の1兆7000億ドルに達する見込みである。

「人民網日本語版」

参考文献

[1] 毕重钰.商务日语口语 [M].2 版.北京：对外经济贸易大学出版社,2013.

[2] 丛惠媛，于苗，魏玉娟.商务日语综合实训 [M].大连：大连理工大学出版社,2016.

[3] 村野节子，山边真理子，向山阳子.高级商务实战日语 [M].北京：外语教学与研究出版社,2019.

[4] 高晓华.商务日语达人 [M].北京：中国宇航出版社,2009.

[5] 宫崎道子，乡司幸子.职场日语情景会话速成 [M].北京：商务印书馆,2022.

[6] 郭侃亮.商务日语 [M].上海：华东理工大学出版社,2023.

[7] 滑本忠，张季芸.新编国际商务日语会话 [M].天津：南开大学出版社,2016.

[8] 米田隆介，藤井和子，重野美枝，等.商务日语 [M].北京：外语教学与研究出版社,2019.

[9] 目黑真实，细谷优.标准商务日语口语大全 [M].大连：大连理工大学出版社,2010.

[10] 前川智.地道商务日语会话 [M].上海：华东理工大学出版社,2011.

[11] 前川智.地道商务日语会话进阶版 [M].2 版.上海：华东理工大学出版社,2013.

[12] 宿久高，中岛英机.实用商务日语会话 [M].上海：上海外语教育出版社,2017.

[13] 岩泽绿.商务日语会话 [M].北京：外语教学与研究出版社,2022.

[14] 绍艳红，刘伟广.商务日语 [M].北京：世界图书出版公司,2008.

[15] 张文碧.职场日语 [M].上海：上海外语教育出版社,2021.

[16] 赵平，张勇，杨红军.新时代商务日语.上册 [M].上海：上海外语教育出版社,2020.

习题答案

第一课　敬语

練習Ⅰ——やってみましょう。

1. 次の文を読んで、ただしいかどうかを判断してください。

　　(1)B　　(2)A　　(3)A　　(4)B　　(5)B　　(6)B

2. 適切な挨拶を選んでください。

　　(1)C　　(2)D　　(3)G　　(4)B　　(5)E　　(6)A　　(7)F

3. 正しい内容を選んで、会話を完成して下さい。

　　(1)C　　(2)D　　(3)B　　(4)A

練習Ⅱ——覚えましょう。

1. 敬語動詞を入れて会話を完成させてください。

　　(1) 山田さんのお宅に行く。（いらっしゃいます、参ります）

　　(2) お茶を飲む。（召し上がります、いただきます）

　　(3) 木曜日は会社にいる。（いらっしゃいます、おります）

　　(4) お寿司を食べる。（召し上がります、いただきます）

　　(5) 李さんの企画書を見る。（ご覧になります、拝見いたします）

　　(6) 佐藤部長を知っている。（ご存じです、存じております）

　　(7) そのことを課長に言う。（おっしゃいます、申します）

　　(8) 水泳をする。（なさいます、いたします）

2. 会話を完成してください。

　　(1) ご説明いたします。

（2）ございます。

（3）休ませていただきたいです。

（4）お待ちください。

（5）お戻りになりました。

（6）いらっしゃる。

　　お帰りになります。

3. 次の文の下線部をビジネス会話にふさわしい表現に直してください。

（1）父、おります、ご安心ください

（2）わたくしども、お役に立てる、ございましたら、おっしゃってください

（3）当社、しておる、申します

（4）おかげさまで、わたくしどもの店

（5）この度、まいりました、申します、どうぞよろしくお願いいたします

（6）こちら、いかがでしょうか

（7）さきほど、様、お電話、ございました

（8）恐れ入りますが、どちら、ございます

（9）御社、ご挨拶、伺います

（10）ご無沙汰しております、皆様、お変わりございませんか

練習Ⅲ——挑戦しましょう。

1. 敬語の使い方で、間違っている部分を訂正してください。

（1）部長はスキーがおできになりますか。（×）

　　部長はスキーをなさいますか。（○）

（2）部長の田中が御社の社長にお会いになりたいとおっしゃっておりました。（×）

　　部長の田中が御社の社長にお目にかかりたいと申しておりました。（○）

（3）今、担当の方をお呼びしますので、しばらくお待ちください。（×）

　　ただ今、担当の者を呼んで参りますので、しばらくお待ちください。（○）

（4）その件につきましては、何も聞いておりませんが。（×）

その件につきましては、何も伺っておりませんが。（○）

(5) 明日はお休みしたいのですが。（×）

明日は休ませていただいてもよろしいでしょうか。（○）

(6) 課長、お茶とおコーヒー、どちらにいたしましょうか。（×）

課長、お茶とコーヒー、どちらになさいますか。（○）

(7) 李様でございますね。（×）

李様でいらっしゃいますね。（○）

(8) 企画書は拝見されましたでしょうか。（×）

企画書はご覧になりましたでしょうか。（○）

2. 次の文をビジネス会話にふさわしい表現に直してください。

(1)わたくしどもの結婚に際しては、心のこもった祝いの品を賜り、誠にありがとうございました。

(2)この度の件では、取引先の皆様に大変なご迷惑をおかけいたしまして、誠に申し訳ございませんでした。今後このようなことが発生いたしませんよう、万全を期する所存でございます。

3. 状況によって、会話を作ってください。

略

第二課　自我介绍

練習I——やってみましょう。

1. 日本語に訳してみてください。

(1) まず、自己紹介させていただきます。

(2) 東方大学を卒業しました。

(3) 専攻は外国言語学です。

(4) 翻訳、通訳などを勉強したことがあります。

(5) 非常勤で貿易会社で仕事をしたことがあります。

(6)E コマースの仕事について経験があります。

(7) 明るくて、前向きな人です。

(8) 精一杯頑張りますので、どうぞよろしくお願いいたします。

2. A、Bからビジネス・シーンに相応しい日本語を選んでください。

　　(1)B　　(2)A　　(3)B　　(4)B　　(5)A

3. 質問文に応じて、適切な答えを選んでください。

　　(1)B　　(2)A　　(3)B

練習Ⅱ——覚えましょう。

1. 自分の実情によって、内容を完成してください。

略

2. 正しい会話を選んでください。

　　(1)I　　(2)C　　(3)G　　(4)J　　(5)E

　　(6)A　　(7)B　　(8)F　　(9)D　　(10)H

練習Ⅲ——挑戦しましょう。

1. 考えて答えよう。

　　(1)相手が名刺を受け取ってから、相手の名刺を受け取ります。このように
　　　　して、相手優先の気持ちを伝えます。

　　(2)なくなってしまったことを詫びて、後日自分の名刺を相手に送ります。

2. 略

第三課　商務電話応答

練習Ⅰ——やってみましょう。

1. 次の言葉をビジネス会話にふさわしい表現に換えてください。

　　(1) ただ今、席を外しております。

　　(2) 代わりの者でもよろしいでしょうか。

　　(3) わたくしで差し支えなければ、お伺いいたします。

　　(4) ご用件を伺います。

　　(5) お伝えしておきます。

(6) ご伝言をお願いします。

(7) 何かお急ぎのご用でしょうか。

(8) 何かご伝言がございますでしょうか。

(9) 後ほど、お電話さしあげます。

(10) どちら様にご連絡すればよろしいでしょうか。

(11) 内容をもう一度確認させていただきます。

(12) 課長、先ほど部長から電話がございまして、至急来てほしいとのことでした。

2. （　）の中に、適当な表現を書き入れてください。

(1) おはようございます

(2) お待たせしました

(3) でいらっしゃいますね

(4) どちら様でしょうか

(5) お待ちいただけます

(6) お時間よろしい

(7) お電話代わりました

練習Ⅱ——覚えましょう。

1. 次の文を読んで、最も相応しいものを、ABCD から一つ選びなさい。

(1)B　　(2)D　　(3)B　　(4)D　　(5)B

2. 次の会話の括弧に入る最も適切な語句を ABCDEF から選んでください。

(1) 会話1

(1)C　　(2)D　　(3)A　　(4)B　　(5)E　　(6)F

(2) 会話2

(1)E　　(2)C　　(3)D　　(4)F　　(5)B　　(6)A

3. ①〜⑧には下から適切なものを選び、会話を完成させてください。

(1)G　　(2)B　　(3)C　　(4)H　　(5)F　　(6)A　　(7)E　　(8)D

4. 中村さんは取引先からの電話を受けました。次の会話を完成してください。
   ①でございます
   ②と申します
   ③お願いします
   ④様でいらっしゃいます
   ⑤席を外しております
   ⑥ご用
   ⑦ございまして
   ⑧かけ直します
   ⑨と申します
   ⑩失礼いたします

練習Ⅲ——挑戦しましょう。

略

第四課　拜访

練習Ⅰ——やってみましょう。

1. 次の文を読んで、最も相応しいものを、A、B、C、Dから一つ選びなさい。
   (1)B　　(2)A　　(3)C　　(4)B　　(5)C

2. 日本語に訳してみてください。
   (1)お忙しいところを恐れ入りますが、新製品の件でご相談に伺いたいのですが、ご都合はいかがでしょうか。
   (2)来週、そちら様のご都合の良い日をお教え願えませんか。
   (3)営業部の鈴木様にお目にかかりたいんですが。
   (4)田中さんに3時にお会いする約束になっております。
   (5)更に詳しい資料が必要でしたら、いつでも、ご連絡をください。すぐお届けしますので。
   (6)貴重なアドバイスを頂きまして、ありがとうございました。

3. A、Bからビジネス・シーンに相応しい日本語を選んでください。

(1)B　　(2)A　　(3)A　　(4)B　　(5)B

練習Ⅱ——覚えましょう。

1. アポイントを取るとき、次のような場合はどのような表現を使いますか。

(1)D　　(2)B　　(3)E　　(4)F　　(5)A　　(4)C

2. 下線部分を下の言葉に言い換えてください。

略

3. 以下の内容について、正しいものに○、間違ったものに×を（　）に入れ
なさい。

(1)×　　(2)×　　(3)×　　(4)○

(5)×　　(6)○　　(7)○　　(8)○

練習Ⅲ——挑戦しましょう。

略

第五課　接待访客

練習Ⅰ——やってみましょう。

1. 日本語に訳してみてください。

(1) どのようなご用件でしょうか。

(2) お待ちしておりました。

(3) こちらにお掛けになって、少々お待ちください。

(4) すぐに担当者が参りますので、少々お待ちください。

(5) お名刺を頂戴できますか。

(6) 手短にお願いできますか。

(7) 本日はご足労いただき、本当にありがとうございました。

(8) またお会いできるのを楽しみにしております。

2. A、Bからビジネス・シーンに相応しい日本語を選んでください。

(1)B　　(2)A　　(3)B　　(4)A　　(5)B

(6)A　　(7)B　　(8)B　　(9)A　　(10)B

3. 次の各問のうち、正しいものには〇を、間違っているものには×をつけましょう。

(1)〇　　(2)〇　　(3)×　　(4)〇　　(5)×

(6)×　　(7)〇　　(8)〇　　(9)〇　　(10)×

練習Ⅱ——覚えましょう。

1. 次のような場合には、以下のどのように言いますか。

(1) ちょうだいできますか

(2) 立て込んでおります

(3) 日を改めて

(4) お呼びたてして

(5) 承ります

(6) お待たせいたしまして

2. (①～⑧)には下から適切なものを選んで、次の会話を完成させてください。

①案内　　②足労　　③多忙　　④呼び立て

⑤恐縮　　⑥用件　　⑦至急　　⑧相談

練習Ⅲ——挑戦しましょう。

略

第六課　招待

練習Ⅰ——やってみましょう。

1. 日本語に訳してみてください。

(1) 食べながらお話しましょう。

(2) こちらは魚のかんたん蒸しになります。

（3）どうぞご自由に取って召し上がってください。

（4）もう少しいかがですか。

（5）ご出席いただき、まことにありがとうございました。

2. A、Bからビジネス・シーンに相応しい日本語を選んでください。

（1）B　　（2）B　　（3）A　　（4）B　　（5）A　　（6）A

練習II——覚えましょう。

1. ①～⑥には下から適切なものを選び、A～Gにビジネス会話にふさわしい
内容を書いて、会話を完成させてください。

①僭越　　②音頭　　③歓談　　④気兼ねなく　　⑤有意義　　⑥提携

A. 乾杯　　B. お招き　　C. どうぞ　　D. ありがとうございます

E. いかがですか　　F. いただきます　　G. どうぞよろしくお願いします

2. 次の各問のうち、正しいものには〇を、間違っているものには×をつけま
しょう。

（1）×　　（2）〇　　（3）〇　　（4）〇

（5）〇　　（6）〇　　（7）〇　　（8）〇

練習III——挑戦しましょう。

略

第七課　会议

練習I——やってみましょう。

1. 日本語に訳してみてください。

（1）お忙しい中、ご出席いただき、ありがとうございます。

（2）これより会議を始めさせていただきます。

（3）皆さんのご意見をお聞かせください。／皆さんのご意見をお伺いした
いと思います。

（4）ご意見は手短にお願いします。

（5）Aプランについて、異存はありません。

（6）残念ながら、ご意見には賛成しかねます。

2. A、Bからビジネス・シーンに相応しい日本語を選んでください。

（1）B　　（2）B　　（3）A　　（4）B　　（5）B

練習Ⅱ——覚えましょう。

1. （　　）に入る言葉として最もよいものを、ABCDから一つ選びなさい。

（1）B　　（2）A　　（3）A　　（4）B　　（5）C

2. ①～⑥には下から適切なものを選んで、会話を完成させてください。

①ニーズ　　②ご意見　　③結果　　④ご提案　　⑤お考え　　⑥確かに

3. ①～⑧に適切な内容を書いて、会話を完成させてください。

①ありがとうございます

②始めさせていただきます

③お聞かせください

④どのようにお考えです

⑤どうお考えです

⑥いただき

⑦要約し

⑧終了します

練習Ⅲ——挑戦しましょう。

略

第八課　商務談判

練習Ⅰ——やってみましょう。

1. 日本語に訳してみてください。

（1）結論から先に述べさせていただきますと、……

(2) ご理解いただけましたでしょうか。

(3) もう少しお安くしていただけませんか。

(4) できれば、5日までにご返答願いたいんですが。

(5) 500ケース以上ご注文いただければ、8%の値引きをいたします。

(6) 大量注文をした場合は安くなれますか。

(7) 上の者と相談の上、ご返事させていただきます。

(8) 今回のことはともかく、次の機会にはぜひよろしくお願いします。

2. A、Bからビジネスに相応しい日本語を選んでください。

(1)A　　(2)B　　(3)A　　(4)A　　(5)B　　(6)B

練習Ⅱ——覚えましょう。

1. 下から適当なものを選んで、会話を完成させてください。

　　①C. ご存じ　　②F. この度　　③I. 貴社　　④E. おつきあい

　　⑤G. ご検討　　⑥B. 拝見　　⑦D. 一存　　⑧H. お時間

　　⑨A. お願い

2. （　　）に適当な語句を入れて、会話を完成させてください。

　　①早速ですが

　　②移らせ

　　③ございません

　　④いかが　　・　　よろしい

　　⑤けっこうです

練習Ⅲ——挑戦しましょう。

略

第九課　商務演示

練習Ⅰ——やってみましょう。

(1) 当社が開発いたしました新製品をご紹介させていただきます。

(2) 国際見本市について、ご提案したいと思います。

(3) ご質問はプレゼンテーション終了後にお願いいたします。

(4) こちらのグラフをご覧ください。

(5) 以上を持ちましてプレゼンテーションを終了させていただきます。

2. A、B からビジネス・シーンに相応しい日本語を選んでください。

(1)B　　(2)A　　(3)B　　(4)A　　(5)B

練習Ⅱ——覚えましょう。

1. 次の文を読んで、最も相応しいものを、ABCD から一つ選びなさい。

(1)C　　(2)C　　(3)B

2. （　　）に適当な語句を入れて、プレゼンテーションに関する内容を完成してください。

参考答案：

①李明

②当社新製品

③およそ 30 分

④発表終了後にお願いいたします

⑤開発の背景

⑥主な機能

⑦従来の製品との比較

⑧購入メリット

⑨こちらのグラフ

⑩グラフ

⑪収益率が大幅に上がっております

⑫収益率が上がる上、コストの削減も可能です

練習Ⅲ——挑戦しましょう。

略

第十課　直播話術

練習Ⅰ——やってみましょう。

(1) ABC のライブへようこそ。

(2) フォローと画面をタップするのを忘れないでください。

(3) 画面右下のボタンをタップすると、商品を一覧で見ることができます。

(4) 何か気になる点や質問がありましたら、コメントお願いします。

(5) もしもご興味がありましたら、画面のウェブサイトに行って見てくださいね。

(6) ライブ配信は終了いたしました。

(7) 画面の QR コードをスキャンして、お問い合わせください。

(8) ゴールデンウィークセールは 5 月 6 日までです。

2. A、B からビジネス・シーンに相応しい日本語を選んでください。

　　(1)B　　(2)A　　(3)A　　(4)A　　(5)B

練習Ⅱ——覚えましょう。

1. （　　）に入る言葉として最もよいものを、A、B、C、D から一つ選びなさい。

　　(1)C　　(2)B　　(3)C　　(4)B　　(5)D

2. 下の内容を正しい順番に並んでください。

　　(1)4　　(2)3　　(3)2　　(4)1

3. ①～⑥には下から適切なものを選んで、会話を完成させてください。

　　(1)E　　(2)B　　(3)F　　(4)A　　(5)C　　(6)D

練習Ⅲ——挑戦しましょう。

略